D1824002

**Bibliographische Information
der Deutschen Bibliothek**

Die Deutsche Bibliothek verzeichnet diese
Publikation in der Deutschen Nationalbibliograph
detaillierte bibliographische Daten sind im Intern
unter http://dnb.ddb.de abrufbar.

--

© 2017 Prof. Dr. Ecevit Polat

Verlag und Druck:
tredition GmbH,
Halenreie 42,
22359 Hamburg
**Druck in Deutschland
und weiteren Ländern.**

ISBN: 978-3-7439-6433-4 (Hardcover)
ISBN: 978-3-7439-6432-7 (Paperback)

Islam – Die verkannte Weltreligion

--

Ecevit Polat
Baycan Yanar

– Ecevit Polat (1978), Dr. theol. –
Professor für Zeitgenössische Islamische Studien an der
theologischen Fakultät der University of Islamic Life/USA.

– Baycan Yanar (1984), Islamischer Theologe –
Seine Forschungsschwerpunkte liegen in der islamischen
Rechtslehre (Fiqh) und der modernen Koranexegese
(Tafsir).

Inhaltsverzeichnis

Geleitwort
Melih Kesmen (Styleislam)

Unter dem Begriff der Religion werden verschiedene Weltanschauungen und Systeme der Sinngebung umfasst, die nahezu immer mit dem Glauben an eine höhere Macht verbunden sind. Gläubige – ganz gleich welcher Glaubensrichtung – finden in ihrem Glauben Halt und Geborgenheit, lassen sich im Alltag orientieren und können die Zusammenhänge des eigenen Daseins besser verstehen. Die Fragen nach dem höheren Sinn, dem ewigen Leben oder der Unsterblichkeit der Seele werden in allen Weltreligionen behandelt.

Eine dieser Weltreligionen ist der Islam mit einer weltweiten Anhängerschaft von etwa 1,8 Milliarden Muslimen, zu der auch meine Familie und meine langjährigen Freunde Prof. Dr. Ecevit Polat und Baycan Yanar gehören. Ecevit Polat und Baycan Yanar haben es sich in diesem und auch in ihren bereits erschienenen Veröffentlichungen zur Aufgabe gemacht, alle Leser unter theologischen und insbesondere wissenschaftlichen Aspekten über diese monotheistische Religion und über die Hermeneutik des Qur´ans als Kernstück des islamischen Glaubens aufzuklären. Wie wird der Qur´an eigentlich gelesen und lassen sich die aus der Bibel stammenden 10 Geboten auch in den islamischen Quellen finden? Diese Fragen und viele weitere beantworten die Autoren in diesem Buch, gewähren dem Leser einen soliden Einblick in die Glaubenswelt der Muslime und lassen ihn dennoch selbst seine Rückschlüsse daraus ziehen. Ihr Hauptaugenmerk liegt auch hier auf der Aufklärung, die in Anbetracht aller mit Vorurteilen behafteten Religionen als so wichtig erscheint.

Denn nur durch Aufklärung und Information lassen sich Vorurteile abbauen. Und nur so kann eine gemeinsame Basis geschaffen werden, sich wieder auf die ethischen Grundwerte der Menschheit zu besinnen. Die ethischen Grundsätze sind in allen Weltreligionen gleich – wie wir Menschen übrigens auch!

„Es zeichnet einen gebildeten Geist aus, sich mit jenem Grad an Genauigkeit zufrieden zu geben, den die Natur der Dinge zulässt, und nicht dort Exaktheit zu suchen, wo nur Annäherung möglich ist". (Aristoteles 384-322 v.Chr., griechischer Philosoph)

Der Islam und seine Assoziation mit Gewalt

Prof. Dr. Ecevit Polat

„Unter allen Religionen, mit denen sich das Christentum auseinanderzusetzen hatte, ist der Islam die am meisten angegriffene, am meisten missverstandene gewesen".

*(Prof. Dr. Annemarie Schimmel,
S. 7, Die Religion des Islam)*

I. Das Abfallen von der Religion

Der Islam wird in der Öffentlichkeit zunehmender weise als eine totalitäre Religion wahrgenommen. Nach Islam-Kritikern soll es sich dabei nicht um eine verzerrte Interpretation der Religion handeln, sondern das eigentliche Problem soll in den Fundamenten des Islam selbst begründet sein.[1] Die Kritiker im Westen befürchten vor allem durch den Zuwachs der Religiosität, insbesondere die Bedrohung der individuellen Freiheit, die im Grunde genommen die Basis der westlichen Zivilisation bildet. Die Vorherrschaft des Islam würde den Untergang der Intellektuellen Freiheit bedeuten, da allein der Abfall vom Islam (arab. Irtidād) mit dem Tode zu bestrafen sei. Der belgische Politiker und Islamkritiker Filip Dewinter beschreibt seine Sorgen im Zusammenhang zur Apostasie mit folgenden Sätzen:

„Das ist leider nicht bloß die Meinung einer extremistischen Minderheit, die sich auf eine subjektive Koran-und Hadithauslegung stützt, sondern eine Rechtsbestimmung, die von den vier Rechtsschulen des sunnitischen Islams vertreten wird.

---

[1] Vgl. Esposito, John L., Von Kopftuch bis Scharia, S. 157-163, 1. Auflage Reclam 2004.

Nur eine Rechtsschule (die hanafitische) bietet für Frauen eine Alternative zum Tod. Sie müssen einer Tracht Prügel unterzogen werden, bis sie wieder zum Islam zurückfinden. Diese Rechtsschule beruft sich dabei auf die Anweisung Mohammeds, der gesagt haben soll: „Tötet Frauen nicht, wenn sie dem Islam abtrünnig werden. Man soll sie einsperren, ihnen die Möglichkeit bieten, (freiwillig) zum Glauben zurückzukehren und sie sollen (andernfalls) dazu gezwungen werden[2]“.

Nach den islamischen Rechtsschulen wird der Abfall vom Islam tatsächlich seit Jahrhunderten mit der Todesstrafe geahndet. Nach der Fatwa (Rechtsgutachten) der Rechtsschulen, dürfen Muslime unter keinen Umständen ihre Religion wechseln. In den Hadith-Werken werden unzählige Überlieferungen dazu angeführt. Beispielsweise wird im Hadith-Kompendium „*Muvatta*“ von Imam Malik (gest. 795) die folgende Überlieferung tradiert: „*Diejenigen, die ihre Religion wechseln, tötet sie!*“[3] Ähnliche Überlieferungen werden auch in den berühmten Hadith- Überlieferungen von al-Bukhari (gest. 869) und Muslim (gest. 875) tradiert: „*Wer auch immer wechselt (den Islam als Religion und Lebensweise ablehnt), tötet ihn!*“[4] Der unter den traditionellen Muslimen in der Türkei angesehene Theologe Dr. Ebubekir Sifil, bekräftigt nachdrücklich die Rechtsprechung der Exekution für die Apostaten mit der folgenden Begründung:

„Die Todesstrafe für die Abtrünnige, sind durch die Hadithe, der Sunna und der Praxis eindeutig belegt worden[...]“.[5]

---

[2] Inch´Allah? Die Islamisierung Europas, S. 55, 1. Auflage Aula Verlag.
[3] Muwatta, Bd. 3, S. 375, Beyan Yayinlari.
[4] Bukhari, Hadith Nr. 6936 und Muslim, Hadith Nr. 6524.
[5] Modern Fetvalar Cagdas Hurafeler, S. 62, 3. Auflage Rihlekitap 2015.

Bevor jedoch die Todesstrafe vollzogen wird, gibt der Richter dem Apostaten eine angemessene Frist zur Reue, um vielleicht doch wieder den Glauben anzunehmen und somit die Möglichkeit zu haben, der Exekution doch noch entgehen zu können. Für den Gelehrten Said Nursi (gest. 1960) stellen alle Apostaten generell eine immense Gefahr für den gesellschaftlichen Zusammenhalt dar, *„da das Gewissen eines Renegaten vollständig verderbt sei".* Des Weiteren wäre der angerichtete Schaden infolge der Apostasie im gesellschaftlichen Leben *„wie ein tödliches Gift"* zu sehen. Demzufolge rechtfertigt Nursi die Todesstrafe bezugnehmend auf die islamische Theologie mit der Begründung: *„Daher kommt es, dass nach den Grundsätzen der Theologie der Apostat das Recht auf sein Leben verwirkt hat [...][6] ".* In einem Fernsehprogramm bestärkte zudem noch einmal der international bekannte Rechtsgelehrter Prof. Dr. Yusuf al-Qaradawi die unabdingbare Sanktionierung für den Abfall vom Glauben mit dem Tode. Hätten die muslimischen Machthaber in der Frühzeit des Islam die Todesstrafe für die Apostaten nicht eingeführt, so hätte der Islam als Religion unmittelbar nach dem Tode des Propheten in keinster Weise Bestand mehr gehabt, so Qaradawi im Interview.[7]

Danach soll bereits Abu Bakr (gest. 634) als erster Kalif einige Abtrünnige aufständische im sogenannten *„Kriege der ridda"* jene exekutiert haben, die öffentlich vom Glauben abfielen

---

[6] Harmonie des Lichts, S. 265, Hizmet Vakfi Yayinlari, Köln 2011.
[7] Siehe hierzu den Beitrag: https://www.izlesene.com/video/mursinin-yoldasi-karadavi-dinden-cikmanin-cezasi/8800888, zuletzt abgerufen am 12.09.2017.

und die Prophetenschaft Muhammads geradezu nach dessen Tode zurückgewiesen hatten.[8]

Im Gegensatz dazu beklagt der ehemalige Dekan der theologischen Fakultät von Istanbul Prof. Dr. Yasar Nuri Öztürk (gest. 2016), dass der Westen aus diesen logischen Schlussfolgerungen ein trübes und gewaltbereites Bild vom Islam hat. Denn es sind die Muslime selbst, die ihre eigene Religion mit Gewaltexzessen betrübt haben, indem sie ihre eigene politischen Ambitionen subtil in die Religion in Form von *„verfälschten Überlieferungen"* und *„irrationale Gelehrtenmeinungen"* eingepflanzt haben.[9]

Deshalb wäre der negative Blick des Westens auf den Islam in gewissen Punkten durchaus nachvollziehbar. Nach Öztürk läge es an den Muslimen selbst, selbstkritisch und behutsam die Textquellen im Lichte der normativen Wertvorstellungen des Qur'an eigenständig aufzuarbeiten. In diesem Zusammenhang dürften sich keinesfalls die Muslime über die negativen Assoziationen des Islambildes im Westen beklagen, da sie hierfür selbst die eigentliche Schuld durch die Tradierung von verfälschten Überlieferungen und zweifelhaften Rechtsgutachten der Fiqh-Literatur[10] zu verantworten hätten:

---

[8] Bevor Abu Bakr diesen Schritt vorging, schickte er eine Gesandtschaft mit einem öffentlichen Brief an die Abtrünnige, um sie ein letztesmal zum Islam einzuladen. Falls der Islam nicht wieder angenommen wäre, würde er sie bis zum Tode bekämpfen. Vgl. Sirma, Ihsan Süreya, Müslümanlarin Tarihi, S. 54-56, Bd. 3, 2. Auflage Beyan Yayinlari 2016.

[9] Siehe hierzu: Der verfälschte Islam, S. 9-29, 1. Auflage Grupello Verlag 2007.

[10] Fiqh bezeichnet im islamischen Wissenschaftssystem diejenige Disziplin, die sich mit den religiösen Normen (al-ahkām asch-schar´iyya) befasst.

„Der traditionelle arabische Fiqh produziert nichts anderes als ein Fiqh der Gewalttätigkeit. Eben aus dieser Fiqh-Lehre sind die Taliban, die al- Qaida und besonders der gewaltverherrlichende politische Islamismus hervorgegangen". [11]

Der muslimische Jurist Dr. Murad Wilfried Hofmann machte in seinem Aufsehen erregendem Buch *„Der Islam als Alternative"* [12] darauf aufmerksam, dass der Qur´an den Abfall vom Glauben mit keiner weltlichen Strafe versehen habe. Muslimische Juristen würden einen großen Fehler begehen, den friedlichen Abfall vom Glauben mit Hochverrat gleichzusetzen:

„Auch diese Probe seiner Duldsamkeit hat der Islam letztlich bestanden, obgleich der Abfall vom Glauben immer wieder - nicht nur im Mittelalter, sondern noch in unserem Jahrhundert [...] - mit dem Tod geahndet wurde. Dazu führte die unhaltbare Gleichsetzung von friedlichem, privatem Abfall vom Glauben (ridda) und Hochverrat [13] *in der aktiven Form der Bekämpfung des früheren Glaubens".* [14]

Fatalerweise wurde Apostasie in der Frühzeit mit Hochverrat als Synonym gleichgesetzt und entsprechend bestraft, wobei dieser angeblicher Straftatbestand keineswegs all jene betreffen durfte, die ihren Glauben auf dem friedlichen Weg zur anderen Religionsgemeinschaft wechselten, oder gar den Glauben komplett aufgaben und zu Atheisten wurden.

---

[11] Zitiert aus: Öztürk, Yasar Nuri, Türkiye´ye Mektuplar, S. 106, 2. Auflage; siehe auch: Öztürk, Deizm, S. 134-139, 7. Auflage Yeni Boyut 2017).

[12] Vgl. Polat, Ecevit, Murad Wilfried Hofmann-Deutschlands Geschenk an den Islam, S. 23-29, publiziert als Broschüre.

[13] Hochverrat wird in al-Ma´ida 33 behandelt.

[14] Der Islam als Alternative, S. 98-99, 6. Auflage Cagri Yayinlari 2010.

Der Qur´an erläutert diesen Sachverhalt in der Sure al-Imran Vers 72: *„Und einige von den Leuten der Schrift sprachen: Glaubt bei Anbruch des Tages an das, was zu den Gläubigen hinabgesandt wurde, und leugnet es an seinem Ende ab".* Durch diese Taktik der Scheinübertritte sollte die junge Gemeinde der Muslime von spektakulären Austritten demoralisiert werden. Das vornehmliche Ziel der Heuchler in Medina war, grundsätzlich die Gemeinschaft der Muslime zu spalten und zum endgültigen Zerfall zu bringen.[15] Demnach wurden im historischen Kontext als Apostaten nur diejenigen mit einer weltlichen Strafe versehen, die niederträchtig alles Erdenkliche unternommen hatten, um die junge muslimische Gemeinschaft mit allen Mitteln ein für alle Mal auszumerzen. Dass es dabei nicht um die Glaubens- bzw. Gewissensfreiheit ging, wird durch unzähligen Qur´anversen bezeugt. Die Heilige Schrift stellt sogar unmissverständlich den weltanschaulich-religiösen Pluralismus als gottgewollte Tatsache hin:

> *„Und wenn Gott gewollt hätte, hätte Er euch zu einer einzigen Gemeinde gemacht. Er wollte euch aber in alledem, was Er euch gegeben hat, auf die Probe stellen. Darum sollt ihr um die guten Dinge wetteifern"* (al-Ma´ida, 48).

Hinsichtlich der Apostasie wird der Qur´anvers noch deutlicher mit der demonstrativen Feststellung, dass der Abfall vom Glauben nur eine jenseitige Strafe nach sich ziehen würde:

> *„Die aber glaubten und hernach ungläubig wurden, dann (wieder) glaubten, dann abermals ungläubig wurden und noch zunahmen im Unglauben, denen wird Gott nimmermehr vergeben noch sie des Weges leiten"* (an-Nisa, 137).

---

[15] Vgl. Pacic, Jasmin, Islamisches Strafrecht, Untersuchungen zur Rechtslehre und zur Rolle der politik im Strafsystem der Scharia, S. 74-78, 1. Auflage Didl Verlag.

Der ehemalige Scheich al-Azhar und Religionsgelehrter Prof. Mahmud Schaltut (gest. 1963) wandte sich öffentlich in die Diskussionen der Apostasie zu und bemerkte in aller Offenheit an, dass der friedliche Abfall vom Glauben in jeder Hinsicht zu respektieren und mit keiner weltlichen Strafe zu kriminalisieren sei. Darüber hinaus bemerkte der Scheich noch an, dass die Überlieferungen ausgerechnet in Bezug zur Apostasie nur einzeln überliefert sind und deshalb in der Rechtswissenschaft nicht als verbindlich zu erachten sei:

> *„Viele Rechtsgelehrte meinen, dass solche Strafen durch die Überlieferungen (Hadithe), die von einzelnen Gewährsmännern tradiert werden, nicht bestätigt werden können und das der Unglaube allein kein Grund ist, das Blut (des Ungläubigen) freizugeben, sondern der Grund zur Freigabe des Blutes ist die Bekämpfung der Gläubigen, der Angriff gegen sie und der Versuch, sie von ihrem Glauben abzubringen".[16]*

Angelehnt an die Grundsätze des Qur´an, erklärte der Zentralrat der Muslime abschließend in der Charta vom 20. Februar 2002 folgendes dazu:

> *„Daher akzeptieren sie (die durch den ZMD vertretene Muslime) auch das Recht, die Religion zu wechseln, eine andere oder gar keine Religion zu haben. Der Koran untersagt jede Gewaltausübung und jeden Zwang in Angelegenheiten des Glaubens".[17]*

---

[16] Zitiert aus: Islam-Lexikon, S. 22, Verlag Herder 1991, Hg. Khoury, Hagemann und Peter Heine.

[17] Siehe zur vollen Übersicht die gesamte Charta: http://zentralrat.de/3035.php, zuletzt aufgerufen am: 16.10.2017.

II. Muhammad und die Gewaltexzesse

Ein weiterer Punkt, welcher das Gewaltpotential im Islam betreffen würde, lege ausschließlich in der Person Muhammads. Kritiker werfen ihm unverhohlen vor, dass er bereits in seiner Jugend anfällig für Gewaltexzessen gewesen sei. Gestützt auf islamischen Quellen, soll Muhammad noch als Kind ohne einen trächtigen Grund mit einer solchen Heftigkeit auf die Schulter seiner Milchschwester gebissen haben, so dass in ihrem ganzen Leben noch die Spuren davon zusehen waren.[18] Noch bezeichnender soll der angeblich aggressive Aufruf von Muhammad sein, den die Salafisten und andere extreme Gruppen vorzugsweise als Rechtfertigung für Gewaltexzesse und speziell als Mittel zur Bekämpfung andersdenkender Menschen und Lebensweisen benutzen: Anas berichtet, dass der Gesandte Gottes sagte:

> *„Mir wurde aufgetragen, die Menschen zu bekämpfen, bis sie bezeugen, dass es keinen Gott gibt außer Allah und das Muhammad Sein Diener und Gesandter ist, (und) sie sich unserer Gebetsrichtung zuwenden, (von) unsere(n) Schlachttieren essen und so wie wir beten. Wenn sie dies tun, sind uns ihr Blut und Vermögen verwehrt, es sei denn zu Recht [...]".[19]*

Nach dieser Überlieferung wäre der Prophet Muhammad damit beauftragt worden, um alle Menschen bis zum Endsieg zu bekriegen. Dementsprechend wird nichts anderes außer dem Islam geduldet sowie der religiöse wie auch der

---

[18] Siehe hierzu: Hamidullah, Muhammad, Muhammad-Prophet des Islam. Sein Leben, sein Werk, S. 49-50, 1. Auflage Patmos Verlag 2016 und die darin aufgeführten Quellen.

[19] Nach Abu Dawud (gest. 889) ist diese und andere ähnliche Varianten dieser Überlieferung als authentisch zu klassifizieren. Vgl. Sunan Abi Dawud, Bd. 3, S. 258, 1. Auflage Darulkitap 2016. Ähnliche Überlieferungen sind daneben bei al-Bukhari und Muslim tradiert.

weltanschauliche Pluralismus toleriert – ja sie sollen sogar bis zur Endzeit bekämpft werden. Auch soll der Prophet laut den Überlieferungen sogar die Eltern dazu aufgefordert haben, ihre Kinder zu züchtigen, wenn diese ab dem zehnten Lebensjahr nicht anfangen zu beten. Die nachfolgende Überlieferung hat auch Eingang in die islamischen Katechismen gefunden, wie z. B. die in Deutschland von der *„Islamischen Bibliothek"* publizierten und inzwischen in hohen Auflagen verbreiteten Katechismus *„Das Gebet im Islam"*. In einem Hadith, welcher wiederum von Abu Dawud tradiert wurde, heißt es sinngemäß:

> *„Kinder sollen vom siebten Lebensjahr an von den Eltern durch Ermahnungen zum Gebet angehalten werden, vom zehnten Lebensjahr an auch notfalls, wenn es gar nicht anders geht, durch Schläge".*[20]

Wie aber lassen sich diese Überlieferungen aus dem Blickwinkel des Qur´an beurteilen? Kann hierzu tatsächlich eine Ableitung aus der Heiligen Schrift impliziert werden? Bei genauer Betrachtung der Schrift und der sira (Biographie) des Propheten, kann der Aufruf zur Bekämpfung Andersdenkender und der Aufruf zu Gewalt an nicht betende Kinder nicht im Geringsten auf die normativen Werte des Islam bezogen werden. Der Qur´an spricht hierzu eine deutliche Sprache, was die individuelle und gesellschaftliche Freiheit bzw. Weltanschauung betrifft. Außerdem werden die charakterlichen Züge des Propheten in der Schrift erhellend zum Ausdruck gebracht, die einem solchen intoleranten und aggressiven Aufruf explizit widersprechen: *(Aufgeführt auf nachfolgender Seite)*

---

[20] Muhammad Ibn Ahmad Ibn Rassoul, As- Salah, Das Gebet im Islam, 7. verbesserte Auflage, S. 21, Düsseldorf 1999. Vgl. auch: Sunan Abi Dawud, Bd. 1, S. 248-249, 1. Auflage, Darulkitap 2015.

- *„Und du besitzest ganz sicherlich hohe moralische Eigenschaften" (al-Qalam, 4).*

- *„Wir entsandten dich nur als eine Barmherzigkeit für alle Welten" (al-Anbiya, 107).*

- *„Es geschieht um Gottes Barmherzigkeit willen, dass du (Muhammad) zu ihnen milde bist; und wärest du schroff, hartherzig gewesen, sie wären gewiss rings um dich zerstoben. So verzeih ihnen und erbitte Vergebung für sie [...]" (al-Imran, 159).*

- *„Wahrlich, ein Gesandter ist zu euch gekommen aus eurer Mitte; schmerzlich ist es ihm, dass ihr in Unheil geraten solltet; eure Wohlfahrt begehrt er eifrig; gegen die Gläubigen ist er gütig, barmherzig" (at-Tauba).²¹*

- *„Und sprich: Es ist die Wahrheit von eurem Herrn: darum lass den gläubig sein, der will, und den ungläubig sein, der will" (al-Kahf, 28).*

- *„Und hätte dein Herr es gewollt, so hätten alle, die insgesamt auf Erden sind, geglaubt. Willst du also die Menschen zwingen, Gläubige zu werden?" (Yunus, 99).*

---

²¹ Siehe zur Person und den Eigenschaften von Muhammad im Qur´an: Islamoglu, Mustafa, islam nedir?, S. 54-69, Düsün Yayincilik 2014.

– *„Streiten sie aber mit dir (Muhammad), so sprich: «Ich habe mich Gott ergeben und ebenso die, die mir folgen.» Und sprich zu jenen, denen das Buch (Juden und Christen) gegeben ward, und zu den Schriftunkundigen: «Habt ihr euch ergeben?» Haben sie sich ergeben, dann sind sie sicher auf dem rechten Weg, wenden sie sich aber zurück, dann obliegt dir nur die Verkündigung; und Gott achtet wohl der Diener"* (al-Imran, 20).

Gleichwohl sind muslimische Theologen nachhaltig dazu aufgerufen, selbstbewusst und selbstkritisch die zur Gewaltaufrufende Überlieferungen bzw. Hadithe, mit historisch-kritischen Methoden im Rahmen der qur´anisch festgelegten Normierungen erneut zu filtern, um somit die falschen dem Propheten Muhammad nachträglich zugeschriebenen destruktiven Vorstellungen auszumerzen.[22] Bedauerlicherweise hat die islamische Theologie es bis heute versäumt, in Konfliktsituationen dem Qur´an das letzte Wort einzuräumen. Demzufolge bricht der Qur´an die „Sunna", nicht umgekehrt, falls es zu einer Diskrepanz zwischen beiden kommen sollte.[23] Selbstverständlich gibt es nach wie vor weiterhin einzelne Versuche der Theologen, dieses Dilemma theologisch und fundiert zu lösen.[24] Doch bilden diese wiederum im Vergleich zum quantitativen, zugegebenermaßen nur eine marginale Erscheinungsform dar.[25] Insofern liegt es bei den Muslimen selbst, die Ängste der nichtmuslimischen Bürger zu überwinden, indem sie überzeugend aufzeigen, dass das soziopolitische Ziel des Islam vordergründig auf Gerechtigkeit und der weltanschau-

---

[22] Mahmud Abu Rayye bietet nach wie vor einen guten Überblick über die verfälschten Überlieferung in seinem Werk: „Adva Alâ es-Sunneti´l-Muham mediyyeh Difâ ani´l-Hadîs".

[23] Hofmann, Murad Wilfried, Islam, S. 52, 2. Auflage 2001, Diederichs Verlag.

[24] (siehe nächste Seite)

[25] (siehe nächste Seite)

lichen Toleranz ausgerichtet ist".[26] Andernfalls wird der Islam auch im 21. Jahrhundert schlechthin als die verkannte Weltreligion wahrgenommen werden.

---

[24] Um hier nur einige zu nennen: Bayraktar Bayrakli, Süleyman Ates, Muhammad Hamidullah, Abdulaziz Bayindir, Tariq Ramadan, Mustafa Islamoglu, Saban Ali Düzgün, Hüseyin Atay, Yasar Nuri Öztürk, Muhammad Asad, Hasan Onat, Fazlur Rahman, Hayri Kirbasoglu, Muhammad Abduh, Ilhami Güler, Nasr Hamid Abu Zaid und Hasan Hanafi.

[25] Ganz hervorzuheben wären hier die beiden Werke des Theologen Hayri Kirbasoglu „Ücüncü Yol Mukaddimesi" und „islami ilimlerde Metot Sorunu" sowie die hervorragenden Bücher von Murad Wilfried Hofmann „Der Islam im 3. Jahrtausend. Eine Religion im Aufbruch" und Tariq Ramadan „Radikale Reform- Die Botschaft des Islam für die moderne Gesellschaft".

[26] So Muhammad Asad in: Die Prinzipien von Staat und Regierung im Islam, S. 146, Edition Bukhara, 1. Auflage 2011.

Die Zehn Gebote in Zeiten des Umbruchs

Prof. Dr. Ecevit Polat

Warum den Dekalog nicht im Zeitalter der Postmoderne zum Maßstab nehmen?

„Um uns nun die erforderliche Leitung im Gebiete der ethischen Wertungen zu vermitteln-eine Leitung, die Wissenschaft uns nicht gewähren kann-, enthüllt uns Gott das Wesen von Gut und Übel auf die Art und Weise, die man als „Offenbarung" bezeichnet [...]".

(Muhammad Asad, Die Antwort der Religionen, S. 54-55)

Das 21. Jahrhundert sollte im Gegensatz zum 18. sowie zum 19. und 20. Jahrhundert, viel versprechender und zudem noch religiöser sein. Vor allem die Ergebnisse der neuen Physik (Quanten- und Relativitätstheorie) zielen geradezu auf die Entmaterialisierung und somit auf die Transzendentierung der Gesellschaft schlechthin zu.[1] Im Gegensatz dazu gingen vor wenigen Jahrzehnten noch die meisten Autoren davon aus, den unwiderruflichen Untergang der Religion vorausgesagt zu haben. Besonders im Zeitalter von tiefgreifendem Wandel sozialer Umbrüche ist das Wiederaufleben der Religionen nahezu unverkennbar in allen Gesellschaftsgruppen anzutreffen.[2] Gleichwohl ist eine Affinität der Bibel zum Qur´ān nicht zu verkennen, insbesondere was den normativ-ethischen Charakter des Wertekanons betrifft. Danach habe Gott heilige Schriften und Propheten unter anderem auch deshalb entsandt, um dem Menschengeschlecht eine Art

---

[1] Vgl. Hofmann, Murad: (2001: 103).
[2] Vgl. Cox, Harvey: (2010: 7).

„*ethischen Dekalog*" mitzuteilen, damit das richtige vom falschen Verhalten spezifisch und grundlegend unterschieden werden kann. Während dessen hat sich jedoch auch der Widerstand gegen alles Religiöse im modernen Zeitalter formiert mit der Begründung, wonach eine säkulare Ethik grundsätzlich bedeutender und erfolgreicher als die sogenannten Gebote und Verbote der Religionen sei. Eine dieser populärsten Stimme ist sicherlich der tibetische geistliche Dalai Lama, der mit dem folgenden Appell an die Welt „*Ethik ist wichtiger als Religion*"[3] auf diesen Umstand medienwirksam aufmerksam gemacht hat. Demzufolge seien die Religionen mit ihren eigenwilligen Wertmaßstäben evident daran gescheitert, da „*seit Jahrtausenden Gewalt im Namen von Religionen eingesetzt wird*".[4] Die einzige Lösung wäre nach Dalai Lama, eine „*säkulare Ethik*" zu etablieren, „*die auch für über eine Milliarde Atheisten und für zunehmend mehr Agnostiker hilfreich und brauchbar ist*".[5]

Allerdings weisen empirische Studien[6] zunehmender Weise darauf hin, dass die im Namen der Religion verübten Gewalttaten in vielen Fällen durchaus viel komplexere Hintergründe aufweisen können, die eigentlich und im Grunde eher politischer,[7] soziologischer und ökonomischer Natur, als denn religiös zu sein scheint.[8] Wie können die monotheistischen Religionen für die exzessive Gewalt auf der Welt dezidiert verantwortlich gemacht werden, da eines ihrer zentralsten Werte sowohl in der Bibel als auch im Qur´ān folgendermaßen

---

[3] Vgl. Der Appell des Dalai Lama an die Welt (2015).
[4] Ebda. (2015: 15).
[5] Ebda. (2015: 15).
[6] Vgl. Lohlker, Rüdiger: (2009: 13-108).
[7] Vgl. Armstrong, Karen: Im Kampf für Gott. Fundamentalismus in Christentum, Judentum und Islam (2007).
[8] Vgl. Hofmann, Murad: (2010: 232-264).

lautet: *„Du sollst nicht töten"?*[9] Zweifelsohne wurden in der Vergangenheit und letztlich bis heute Religionen ausnahmslos für gewalttätige Zwecke sowie für politische Intentionen instrumentalisiert, um mittels ihrer Autorität unfassbare Grausamkeiten religiös zu legitimieren.[10] Die Besonderheit der monotheistischen Religionen besteht ohne Zweifel darin, dass ihre universellen Werte von transzendenter Quelle herrühren, die nach ihrem eigenen Verständnis nach, in keinster Weise zur Disposition stehen. Die Zehn Gebote der Bibel sind in diesem Zusammenhang von erheblich relevanter Bedeutung. Mit Ausnahme vom Sabbat, postuliert auch der Qur´ān in verschiedenen Versen die gemeinsamen Werte, die nach dem Penzberger Imam Benjamin Idriz *„die Quelle unserer gemeinsamen Ziele bilden [...]".*[11]

Infolgedessen schlussfolgert der katholische Theologe Hans Küng – außer bezüglich des Sabbats – dass *„wir von einem gemeinsamen Grundethos der drei prophetischen Religionen reden [...]".*[12] Demnach kann der gemeinsame Grundethos folgendermaßen skizziert werden:

(Tabelle auf nachfolgender Seite)

---

[9] Vgl. Ex 20, 13; Sure 5 Vers 32; Sure 17 Vers 33.
[10] Siehe hierzu: Öztürk, Yasar Nuri: (2007: 14-19).
[11] Vgl. Idriz, Benjamin: (2010: 174).
[12] Küng, Hans: (1991: 71).

Der jüdisch-christliche Dekalog	Der islamische Dekalog
(Ex 20, 1-21)	*(17, 22-39; 6, 161-153)*
Ich bin der Herr, dein Gott. Du sollst keine andern Götter neben mir haben.	Im Namen des barmherzigen und gnädigen Gottes.Setz nicht Allāh einen anderen Gott zur Seite.
Du sollst Dir kein Gottesbildmachen. Du sollst den Namen des Herrn, deines Gottes, nicht missbrauchen.	Und dein Herr hat bestimmt, dass ihr ihm allein dienen sollt.
Gedenke des Sabbattages, dass du ihn heilig haltest.	Keine Vergleichsstelle im Qur´ān.
Ehre deinen Vater und deine Mutter.	Und zu den Eltern (sollst du) gut sein. Und gib dem Verwandten, was ihm zusteht, ebenso dem Armen und dem, der unterwegs ist.
Du sollst nicht töten.	Und tötet nicht eure Kinder aus Furcht vor Verarmung! … Und tötet niemand, den (zu töten) Allāh verboten hat.
Du sollst nicht ehebrechen.	Und lasst euch nicht auf Unzucht ein!
Du sollst nicht stehlen.	Und tastet das Vermögen der Waise nicht an.
Du sollst nicht falsches Zeugnis reden wider deinen Nächsten.	Und meidet das lügenhafte Wort (22:30).
Du sollst nicht begehren deines Nächsten Frau.	Und nähert euch nicht Abscheulichkeiten, weder öffentlichen noch heimlichen.
Du sollst nicht begehren deines Nächsten Haus. Du sollst nicht nach der Frau deines Nächsten verlangen, nach seinem Sklaven oder seiner Sklavin, seinem Rind oder seinem Esel nach irgendetwas, was deinem Nächsten gehört.	Deshalb haben Wir den Kindern Israels verordnet, dass, wenn jemand einen Menschen tötet, ohne dass dieser einen Mord begangen hätte, oder ohne dass ein Unheil im Lande geschehen wäre, es so sein soll, als hätte er die ganze Menschheit getötet; und wenn jemand einem Menschen das Leben erhält, es so sein soll, als hätte er der ganzen Menschheit das Leben erhalten (5:32).

Vor Jahren hatte man den Altbundeskanzler Helmut Schmidt gefragt, was er der Jugend empfehlen würde. Lapidar antwortete Schmidt: *„die Zehn Gebote"*.[13] Verblüffender Weise erinnert dieser Ratschlag an eine Anekdote von Muhammad Asad, als dieser die 20er Jahren des 20. Jahrhunderts adäquat zu den Sorgen von Helmut Schmidt scharfsinnig beschrieb, als ob keine Jahrzehnte zwischen den beiden liegen würden:

„Die ersten Jahrzehnte des europäischen zwanzigsten Jahrhunderts standen im Zeichen einer seelischen Leere. Die meisten der sittlichen Wertbegriffe, die viele Jahrhunderte lang als unverbrüchlich gegolten hatten, waren unter dem furchtbaren Stoß des Weltkrieges zersplittert und formlos geworden, und keine neuen Wertbegriffe waren zur Hand, die verlorenen zu ersetzten. Alles Sein schien zerbrechlich; ein Gefühl innerer Unsicherheit schwebte über den Menschen-eine Vorahnung gesellschaftlicher und geistiger Umwälzungen, die fast jeden daran zweifeln ließ, ob der Menschen Tun und Denken jemals wieder die alte Festigkeit und Dauer erlangen würde. Alles schien in einer gestaltlosen Flut dahinzufließen, und die seelische Unruhe der Jugend vermochte nirgends Halt zu finden. Da alle zuverlässigen Maßstäbe des Moralischen dahingeschwunden waren, konnte niemand die vielen Fragen, die uns junge Menschen so verwirrten, zufriedenstellend beantworten. Was ist gut, und was böse? Fragten wir uns. Die Wissenschaft sagte: „Erkenntnis ist alles"- und vergaß dabei, dass Erkenntnis ohne ein sittliches Ziel nur zum Chaos zu führen vermag".[14]

---

[13] Siehe hierzu: Drewermann, Eugen: (2006: 11).
[14] Asad, Muhammad: (2011: 78-79).

In Zeiten der Orientierungslosigkeit und der Relativierung von Werten, kommen die Anweisungen der Zehn Gebote wie gerufen, um vor allem Ordnung, Klarheit des Wertebewusstseins und die Rückkehr zur moralischen Verbindlichkeit zu fördern.[15]

Da der Qur´ān etliche Lebensregeln enthält, ist er als solches auch als ein moralisches Buch zu verstehen, darunter als eine Rechtleitung (huda), die insbesondere die zwischenmenschliche Beziehung, aber auch die Beziehung zu seiner Natur und Umwelt maßgeblich regelt. Von daher wäre es zumindest von Dalai Lama und seinen Gleichgesinnten zu erwarten, wenigstens den unabdingbaren Wert des Wertekanons wie sie prägnant in den Zehn Geboten aufgelistet ist, gebührend wertzuschätzen. In Diskrepanz zu Dalai Lama würdigt demgegenüber Hans Küng mit zwei bemerkenswerten Anmerkungen den enormen Wert der Zehn Gebote, dessen Beachtung ausdrücklich kulturübergreifend und stets unerlässlich in der Postmoderne geworden ist:

> *„Erstens, dass es keine postmodernistische Beliebigkeit, kein „anything goes" in Sachen Moral geben darf. Dass es vielmehr bestimmte Regeln gibt, an die jeder gebunden ist, nicht nur die gewöhnlichen Bürgerinnen und Bürger, sondern auch die Staatsmänner, die Industriechefs und die Professoren in den Universitäten und Laboratorien. Zweitens, dass man sich bewusst wird, dass diese Grundregeln allen gemeinsam sind, also nicht nur im Raum der drei prophetischen Religionen Judentum, Christentum und Islam gelten, sondern dass man solche Normen auch in den Religionen indischen und chinesischen Ursprungs findet".[16]*

---

[15] Vgl. Drewermann, Eugen: (2006: 11).
[16] Küng, Hans: (2006: 31-32).

Insofern wäre es durchaus berechtigt zu fragen, warum man den Dekalog hier nicht als Maßstab nehmen sollte? Schließlich ist der Dekalog nach seinem Sinngehalt und Wertevorstellungen keineswegs ein Monopol der Christen, Juden und Muslime. In der Tat, ist er ein höchster Ausdruck moralischer Vernunft, der mit der Weisheit und Ethik der anderen großen Religionen und Kulturen konvergent ist. Dementsprechend bekräftigte Papst Johannes Paul II. am 26. Februar 2000 im Heiligen Land in der Katharinenkloster die ewige Gültigkeit der Zehn Gebote. Danach seien diese Gebote *„die einzig wahre Grundlage für das Leben des einzelnen Menschen, der Gesellschaften und der Nationen".*[17] Ihre wesentliche Funktion bestünde unter anderem darin, die Gesellschaft demnach durch die Bewahrung vor dem fatalen Egoismus, Hedonismus[18] und die daraus resultierende Ellbogengesellschaft vor weitreichenden und zerstörerischen Auswirkungen nachdrücklich zu bewahren. Bei genauerem Hinsehen lässt sich unschwer feststellen, das inzwischen im Westen sämtliche individuelle Beziehungen hauptsächlich von den Gesetzen der Wirtschaft beeinflusst wird.

Konsequenterweise wird daher nicht nur in einer Marktwirtschaft gelebt, sondern durchaus in einer Marktgesellschaft![19]

---

[17] Kuschel, Karl-Josef: (2007: 457-458).

[18] Für Dr. Murad Wilfried Hofmann ist der Hedonismus schon unlängst „zur inoffiziellen Staatsreligion" im Westen geworden. Vgl. Der Islam im 3. Jahrtausend, S. 25, 3. Auflage Istanbul 2010, Cagri Yayinlari.

[19] Hofmann, Murad Wilfried: (2010: 58).

Literaturverzeichnis

Armstrong, Karen, *Im Kampf für Gott. Fundamentalismus in Christentum, Judentum und Islam,* Verlag Goldmann 2007.

Asad, Muhammad, *Der Weg nach Mekka,* Patmos Verlag 2011.

Cox, Harvey, *Die Zukunft des Glaubens,* Kreuz Verlag 2010.

Drewermann, Eugen, *Die Zehn Gebote,* Patmos Verlag 2006.

Hofmann, Murad Wilfried, *Der Islam im 3. Jahrtausend. Eine Religion im Aufbruch.* Cagri Yayinlari 2010.

Hofmann, Murad Wilfried, *Den Islam verstehen,* Cagri Yayinlari 2010.

Hofmann, Murad Wilfried, *Islam,* Verlag Diederichs 2001.

Hofmann, Murad Wilfried, *Koran,* Verlag Diederichs 2002.

Idriz, Benjamin, *Grüss Gott Herr Imam – Eine Religion ist angekommen,* Diederichs Verlag 2010.

Kuschel, Karl-Josef, *Juden-Christen-Muslime, Herkunft und Zukunft,* Patmos Verlag 2007.

Küng, Hans, *Das Judentum,* Piper Verlag 1991.

Küng, Hans, *Wozu Weltethos?* Herder spektrum 2006.

Lama, Dalai, *Der Appell des Dalai Lama an die Welt,* Red Bull Media House GmbH 2015.

Lohlker, Rüdiger, *Dschihadismus. Materialien.* Verlag UTB 2009.

Öztürk, Yasar Nuri, *Der verfälschte Islam,* Verlag Grupello 2007.

Die Geschichte vom Codex zum Qur´antext

Prof. Dr. Ecevit Polat

*„Wir haben keinen Grund anzunehmen, dass auch nur
ein einziger Vers im ganzen Koran nicht von Mohammed
selber stammen würde"*

(Prof. Dr. Rudi Paret, Vorwort-Der Koran 1979)

Seit geraumer Zeit wird in der westlichen Islamforschung vorwiegend der Versuch unternommen um vor allem den Nachweis zu erbringen, dass der Qur´an in seinen Grundzügen und seiner Endgestaltung nicht bis auf die Zeit des Propheten Muhammad (s) lückenlos zurückzuführen sei. Der katholische Theologe Karl-Heinz Ohlig bemüht sich seit Jahrzehnten durch sämtliche Veröffentlichungen, diese Annahme akademisch zu unterstreichen. Danach sei der Qur´an nach Ohlig das Endergebnis einer Gemeindebildung, die nahezu in 200 Jahren nach dem Ableben des Propheten schriftlich fixiert wurde. Ohlig schreibt dazu:

„Der Qur´an sei nur ein Ausschnitt aus einer breiteren Sunna und ein Ergebnis einer rund 200 jährigen Kanongeschichte. Er enthalte also Prophetenlogien und Gemeindebildungen. Die These, dass der gesamte Qur´an in allen seinen Texten historisch auf Mohammed zurückgehe, ist nicht mehr aufrechtzuerhalten".[20]

---

[20] Weltreligion Islam, S. 59.

Diese Auffassung um die zweifelhafte Historizität ist in der Tat nicht ausschließlich auf das Phänomen der Neuzeit zu ergründen, sondern sie weist durchaus eine längere Tradition in der Anlehnung an Theodor Nöldeckes (gest. 1930) „Geschichte des Qorans" oder Ignaz Goldzihers „Muhammedanische Studien" auf.[21]

Ein anderer Aspekt für die nicht lückenlose Bewahrung des Qur´antextes soll vor allem das Vorhandensein von abweichenden Mushaf-Manuskripten (schriftliche Aufzeichnung des Qur´antextes) der Prophetengefährten sein. Tatsächlich werden in einigen islamischen Quellen z. B. bei Ibn Abu Dawud (gest. 928) in seinem bis heute tradierten Werk „Kitab Al-Masahif" überliefert, dass der spätere Kalif Umar ibn al-Chattab (gest. 644), Ibn Masud (gest. 653) und Ubayy b. Ka´b (gest. 649) die Sure 112 am Anfang nicht wie üblich mit „sprich" (qul) rezitiert hätten. Außerdem soll Ibn Masud in der gleichen Sure nicht das Wort „ahad", sondern den Begriff „wahid" in seinem Mushaf aufgezeichnet haben.[22]

Vom Qur´anexegeten Al-Qurtubi (gest.1273) wird zudem noch berichtet, dass auch Ali ibn Abi Talib (gest. 661) insbesondere die Sure 103 (Asr) nach einem anderen Wortwahl gelesen habe, der nicht dem heutigen im Umlauf befindlichen Qur´antext entsprechen würde.[23]

---

[21] Seyyed Hossein Nasr kritisiert schon seit längerem westliche Autoren dahin gehend, weil diese in den meisten Fällen unter dem „Gewand einer angeblichen Objektivität und Wissenschaftlichkeit" arbeiten würden. Vgl. Ideal und Wirklichkeit des Islam, S. 49, Eugen Diederichs Verlag 1993.

[22] Siehe hierzu: Ibn Abu Dawud, Kitab Al-Masahif, Ägypten, 1936, S. 113, 222.

[23] Vgl. El Camiu li Ahkami´L-Kuran, Bd. 19, S. 330. Siehe aber auch Rudi Paret, Der Koran, Kommentar und Konkordanz, S. 521, zweite Auflage 1981.

Wie ist es Angesicht dessen zu verstehen, wo doch die Muslime der Gegenwart ausnahmslos davon ausgehen, dass der Qur´an immer ein und derselbe Text seit Anbeginn seiner ersten Verkündigung gewesen sei? Gab es seit Beginn der Offenbarung gegensätzliche, die streng genommen bis zu abweichenden Textvarianten führten?

Für den türkischen Qur´anforscher Ismail Cerrahoglu besteht im Grunde kein Zweifel darin, zumal westliche Orientalisten unermüdlich darauf hinarbeiten würden, die Authentizität des heutigen Qur´antextes im Gewand pseudowissenschaftlichen Ambitionen zu widersprechen. Deshalb wundert sich Cerrahoglu auch nicht besonders darüber, dass ausgerechnet der Orientalist Arthur Jeffery (gest. 1959) das kritische Werk über die Entstehungszeit des Mushaf „*Kitab Al-Masahif*" von Ibn Abu Dawud (gest. 928) ediert und nahezu bei jedem Atemzug daraus zitiert hat, um wesentlichen Zweifel an die gängigen autorisierten Qur´anausgaben damit suggerieren zu können.[24]

Im Hadith-Korpus „*al-Dschāmi as-sahīh*" von al-Bukhari (gest. 870) wird detailliert darüber berichtet, demzufolge vor allem Umar ibn al-Chattab den ersten Kalifen Abu Bakr (gest. 634) nachdrücklich darauf drängte, den Qur´an der bis dato nur auf Palmblättern, Pergamenten und flachen Steinen niedergeschrieben war, in ein Buchform zusammenzustellen.[25]

Der eigentliche Grund für die Zusammenstellung des Mushaf zwischen zwei Buchdeckeln ist mit Sicherheit im Kontext der damaligen Schlacht von al-Jamama (im Jahr 632) in Verbindung zu bringen, wo bedeutende Qur´anleser „*Huffaz*" (Muslime die den Qur´an komplett aus dem Gedächtnis auswendig

---

[24] Vgl. Tefsir Usulü, S. 64, Ismail Cerrahoglu, Türkiye Diyanet Vakfi Yayinlar, 20. Auflage, Ankara 2011.

[25] Hamidullah Muhammad, Der Prophet des Islam, S. 477, Patmos Verlag 2016.

rezitieren konnten) starben. Zaid ibn Tabit (gest. 665), der mit einer Kommission damit beauftragt wurde die Verantwortung für diese Angelegenheit zu übernehmen, beschreibt die Umstände wie folgt zusammen:

„Abu Bakr sandte zur Zeit der Schlacht von al-Jamama, als Umar ibn al-Chattab bei ihm war, nach mir (Zaid ibn Tabit). Abu Bakr sagte: „Umar kam zu mir und sagte: In der Schlacht von al-Jamama raffte der Tod viele Qur'anleser dahin. Ich fürchte, der Tod möchte viele Qur'anleser in den Provinzen ereilen, und damit könnte ein Großteil des Qur'ans verloren gehen. Ich glaube, du solltest anordnen, den Qur'an zu sammeln".

Was? Fragte ich Umar, willst du etwas tun, was selbst der Gesandte Gottes nicht tat? Bei Gott, erwiderte Umar, es wäre eine gute Tat. Umar ließ nicht ab, mich zu drängen, bis Gott mein Herz diesem Vorschlag gegenüber öffnete und ich dachte wie Umar. Zaid fuhr fort: Abu Bakr sagte zu mir: Du bist ein verständiger junger Mann, und wir sehen kein Fehler an dir; auch hast du schon für den Gesandten Gottes die Offenbarung niedergeschrieben. Geh also dem Qur'an nach und stelle ihn zusammen! Bei Gott, hätte man mir befohlen, einen Berg zu bewegen, es wäre mich nicht härter angekommen als sein Auftrag, den Qur'an zu sammeln. Was? Fragte ich (Zaid ibn Tabit), willst du etwas tun, was selbst der Gesandte Gottes nicht tat? Bei Gott, erwiderte Abu Bakr, es wäre eine gute Tat. Und er ließ nicht ab, mich zu drängen, bis Gott mein Herz diesem Vorschlag gegenüber öffnete, wie er das Abu Bakrs und Umars geöffnet hatte. Darauf ging ich dem Qur'an nach und stellte ihn zusammen aus (Texten, die) auf Palmblättern, auf flachen Steinen oder in den Herzen der Männer (aufgeschrieben waren). Sogar das Ende der Sure der Buße fand ich, die ich nirgends sonst finden konnte, und zwar bei Abu l-Huzaima al-Ansari.

Es handelte sich um die Verse von:

„Nun ist ein Gesandter aus euren eigenen Reihen zu euch gekommen- einer, dem es nahe geht, wenn ihr in Bedrängnis kommt ... bis zu Schluss (At-Taubah129-130). Die Blätter blieben bis zu seinem Tode bei Abu Bakr, anschließend dann bei Umar bis dieser starb und dann letztendlich bei Umars Tochter Hafsa".[26]

Aus dieser Überlieferung geht eindeutig hervor, dass unmittelbar nach dem Ableben des Propheten der Qur´an in ein Mushaf fixiert wurde. Darüber hinaus bezeugt der Qur´an eigenhändig, dass es zu Lebzeiten des Propheten und insbesondere in der frühmekkanischen Periode schriftlich aufgezeichnet wurde, wie dies aus den folgenden Versen nachdrücklich hervorgeht:

„Keineswegs! Gewiss, es ist eine Erinnerung. Wer nun will, gedenkt seiner. (Er steht) auf in Ehren gehaltenen Blättern, erhöhten und rein gehaltenen, durch die Hände von Entsandten, edlen, frommen" (Abasa 11-16).

„Und sie sagen: (Es sind) die Schriften der früheren (Generationen), die er sich aufgeschrieben hat. Sie werden ihm morgens und abends diktiert. Sag: (Nein!) Der hat ihn herab gesandt, der (alles) weiß, was im Himmel und auf Erden geheim gehalten wird. Er ist barmherzig und bereit zu vergeben" (Al-Furkán 5).

„[...] ein Gesandter von Allah, der gereinigte Blätter verliest" *(Al-Bayyinah 2). „Beim Berg, (bei) einer Schrift, niedergeschrieben auf Pergament und entfaltet" (At-Tur 1-3).*

---

[26] Bukhari, Bd. 6, S. 225. Siehe aber auch: „Die Geschichte des Qur´an" (türk. Kuran-i Kerim Tarihi) Muhammad Hamidullah, S. 45-46, Beyan yayinlari.

In einer weiteren Überlieferung von al-Bukhari wird wiederum tradiert, dass es vor allem der dritte Kalif Uthman es gewesen war, der mehrere Abschriften vom Qur´an anfertigen ließ und diese schließlich an die neuen hinzugewonnen islamischen Zentren jeweils ein Exemplar versandt. Als Grund für die Verbreitung der Kopien ist der Bericht von Anas ibn Malik (gest. 709) sehr aufschlussreich:

„Hudaifa ibn al-Jaman kam zu Uthman, als dieser das syrische ebenso wie das irakische Heer für die Eroberung von Armenien und Adarbaigan rüstete. Hudaifa war von den unterschiedlichen Lesarten (des Qur´an) entsetzt und sagte zu Uthman: „Herrscher der Gläubigen, halte diese Gemeinde fest, bevor sie über ihr Buch genauso unterschiedlicher Meinung ist wie die Juden und die Christen über das Ihrige". Da sandte Uthman nach Hafsa (Tochter von Umar) und ließ ihr sagen: Schicke uns die Blätter. Wir wollen sie in Codices abschreiben und werden sie dir dann zurücksenden". Hafsa schickte sie Uthman, der Zaid ibn Tabit, Abdallah ibn az-Zubair, Said ibn al-As und Abd ar-Rahman ibn al-Harit ibn Hisam mit der Abschrift in Codices beauftragte. Uthman sagte zu den dreien, Le alle vom Stamme Qurais (Stamm des Propheten): „Wenn ihr euch bei irgendetwas im Qur´an von Zaid ibn Tabit unterscheidet, schreibt es entsprechend der Sprache der Qurais nieder, denn in ihrer Sprache wurde der Qur´an geoffenbart". Sie taten es, und nachdem die Blätter in Codices abgeschrieben worden waren, schickte Uthman sie an Hafsa zurück. Er sandte Kopien des von ihnen hergestellten Codexes überall hin und befahl, jedes anders lautende Blatt oder jeden anders lautenden Codex zu verbrennen".[27]

---

[27] Überliefert in al-Bukhari, Sahih Bd. 3, S.392-393.

Wie viele Kopien Uthman tatsächlich denn anfertigen und in die neuen Gebiete versandt hatte, wird in den historischen Quellen mit unterschiedlichen Zahlen beschrieben. Die endgültigen Angaben über die Zahl der Exemplare schwanken zwischen vier und neun.[28]

Allerdings gehen renommierte muslimische Qur´anforscher mittlerweile auch davon aus, dass keines dieser ersten Abschriften unmittelbar bis heute auf uns zugekommen sind. Gleichwohl besitzen wir inzwischen nachweisbar einige direkte Abschriften vom Uthmannischen Ur-Codex wie z. B. die in Topkapi Palast Museum Nr.44/32 in Istanbul oder den im Kairo befindlichen Codex al-Mashhad al-Husayni.[29] Die angefertigten Abschriften wurden durch die Gefährten des Propheten und vor allem der nachfolgenden Generation, mit einer nachweislichen und ausnahmslosen Zustimmung anhand eines Konsenses innerhalb der Gemeinde beglaubigt. Es gab nur vereinzelten Widerstand, da diese von nun an ostentativ daran angehalten wurden, den Qur´an nicht mehr in den verschiedensten Dialekten, sondern ausschließlich nur noch im verkündeten Dialekt des Stammes vom Qurais in seiner ursprünglichen Form zu rezitieren.[30] Andererseits spielte eine präzise schriftliche Fixierung zu anfangs noch eine untergeordnete Rolle, da schriftliche Aufzeichnungen ohnehin nur als eine zusätzliche Gedächtnisstütze dienten. Vielmehr wurde die Offenbarung auswendig gelernt und im Gedächtnis aufbewahrt. Nach heutigen Schätzungen

---

[28] Siehe detailliert zur Anzahl der Manuskripte: Mustafa Öztürk, Kur´an Tarihi, S. 155-156, Ankara Okulu 2016.

[29] Vgl. Kodex und Kanon – Die Koranhandschriften der Khalifen Osman und Ali, Tayyar Altikulac.

[30] Vgl. Kuran´a Giris, S. 56-57, Mehmet Pacaci.

gelten etwa 150.000 Muslime weltweit als Hafiz (wörtl.: Bewahrer), die den gesamten Qur'an auswendig beherrschen.[31] *Laut dem Bagdader Gelehrten Ibn Mujahid (gest. 936) gab es jedoch in der Frühzeit sieben verschiedene Lesarten gleichberechtigt nebeneinander.[32] Doch anderen Quellen zufolge sollen sogar über zwanzigverschiedene Lesarten im Umlauf gewesen sein.[33]*

Der Prophet duldete anfangs abweichende Lesarten, die hauptsächlich durch den Gebrauch von diversen Dialekten herrührten, um dadurch die Einführung für die neuen Muslime aus den unterschiedlichsten Gegenden für das Verständnis und den Einstieg in die Qur'anrezitation zu erleichtern. In der Amtszeit von Uthman wichen die Lesarten jedoch so weit voneinander ab, dass selbst seine ursprüngliche Bedeutung an etwaigen Stellen maßgeblich entstellt wurde. Das war der entscheidende Anlass dazu, weshalb der Kalif Uthman nur noch eine Lesart, und zwar die Lesart im Dialekt der Qurais für bindend erklärt hatte. Auch heute kann man die verschiedenen Lesarten in den klassischen Werken problemlos nachlesen. Kritische Islamforscher wie Michael Cook mussten schließlich nach langjährig intensiver Forschung doch eingestehen, dass die Kanonisierung des Qur'an im Vergleich zur Bibel eine unvergleichliche Einzigartigkeit darstellt:

---

[31] Vgl. Murad Wilfried Hofmann, Den Islam verstehen, S. 59, 2. Auflage, Cagri Yayinlari, Istanbul 2010.

[32] Siehe hierzu: Nicolai Sinai, Die heilige Schrift des Islam, S. 21.

[33] Vgl. Mustafa Öztürk, Tefsir Tarihi, S. 29-49.

„Die Kanonisierung des Qur´an steht in auffälligem Gegensatz zu der langsamen, unsteten Herausbildung der beiden biblischen Kanons. Die hebräische Bibel vollzog diesen Prozess erst lange nach dem Untergang des israelitischen Königtums; bei dem Neuen Testament war die allmähliche Formierung des Kanons schon weit fortgeschritten, als das Römische Reich das Christentum zur Staatsreligion erhob. Dass wir heute praktisch nur eine einzige Rezension des Qur´an benutzen, legt also beredtes Zeugnis für die Autorität des frühislamischen Staates ab“.[34]

Hat der Qur´an nicht selbst seine Unversehrtheit apodiktisch versichert?

"Vollkommen ist das Wort deines Herrn in Wahrhaftigkeit und Gerechtigkeit. Es gibt niemandem, der Seine Worte abändern könnte" (Al-Anám 115).

"Wahrlich, Wir sandten die Ermahnung herab, und Wir wollen fürwahr ihr Bewahrer sein" (Al-Hidschr 9).

---

[34] Der Koran - Eine kurze Einführung, S. 152, Verlag Reclam 2002.

Die Gemeindeordnung von Medina

Prof. Dr. Ecevit Polat

Eine unversiegbare Inspirationsquelle für alle Zeiten?

Als die Verfolgung und die brutalen Repressalien im Jahr 622 n. Chr. immer unerträglicher für die Muslime in Mekka wegen ihres Glaubens wurde, beschlossen sie aus Sicherheitsgründen schlussendlich die Heimstätte Abrahams in Mekka zu verlassen, um nach Medina in der zuvor freundlichen Einladung der Ansar (einheimische Helfer/Unterstützer) nachkommend anzunehmen. Diese Auswanderung wird in der Geschichtsschreibung als die *„Hidschra"* ausführlich beschrieben. In Medina befanden sich zu jener Zeit unterschiedliche arabische Stämme und insbesondere einflussreiche Jüdische Clans, die andererseits nicht weniger in vielen weltlichen Angelegenheiten durch alltägliche Diskrepanzen gespalten waren. Dementsprechend waren diverse Streitpunkte schließlich von Anfang an -wenn man so will- vorprogrammiert gewesen. Unmittelbar nach der Emigration, wurde der Prophet als Schlichter und als höchstes politisches Oberhaupt infolge der überwiegenden Mehrheit der Bevölkerung hinsichtlich eines Konsens anerkannt, um die angespannte Lage in Medina einvernehmlich zu lösen. Für Muhammad (s) schien es nun unentbehrlich zu sein, den wohl möglich ersten schriftlichen *„Gesellschaftsvertrag der Menschheitsgeschichte"* zu entwerfen.[35] Diese sogenannte Verfassung bestand insgesamt aus 52 Paragraphen.[36]

---

[35] Vgl. Hofmann, Murad, Islam, S. 69-70, 2. Auflage 2001, Diederichs kompakt.

[36] Vgl. Hamidullah, Muhammad, Muhammad Prophet des Islam, sein Leben, sein Werk, S. 144, 1. Auflage 2016, Patmos Verlag.

Der „*Vertrag von Medina*" (Jahr 623) sollte vor allem die ethischen Beziehungen innerhalb der verschiedensten Gesellschaftsgruppen reglementieren. Außerdem schuf der Vertrag die einmalige Möglichkeit, die Religionsfreiheit und die entsprechende Gleichstellung von Muslimen und Juden ausdrücklich zu ratifizieren.[37] Für den muslimischen Völkerrechtler Prof. Muhammed Hamidullah, war der Gesellschaftsvertrag zweifelsohne ein außergewöhnliches Ereignis in der Menschheitsgeschichte. Medina wurde eine multireligiöse (muslimisch-jüdische) Republik mit föderativer Struktur, deren Staatsoberhaupt durch eine Wahl ermittelt wurde. Hamidullah schreibt dazu:

> „*In nur wenigen Wochen wurden alle Einwohner des Gebietes durch den Propheten zusammengeführt, um einen Stadtstaat zu begründen, in dem Muslime, Juden, Heiden und wahrscheinlich auch Christen- deren Zahl jedenfalls sehr gering war- durch einen Gemeinschaftsvertrag in staatlicher Organisation vereinigt wurden*".[38]

Das gesonderte an dieser Begebenheit war für Hamidullah jedoch: „*die Tatsache, dass die selbstständigen jüdischen Dörfer nach der Verfassung dieses Stadt-Staates aus freien Stücken dem Bündnisstaat beitraten und Muhammad als Obersten Herrscher anerkannten, bedeutet nach unsere Meinung, dass auch die nicht-muslimischen Untertanen im politischen Leben des Landes Stimmrecht bei der Wahl des Leiters des muslimischen Staates besaßen*".[39]

---

[37] Vgl. Sanac, Fuat, Die Geschichte des Islam, S. 54, 1. Auflage 2010.
[38] Hamidullah, Der Islam, S. 224, 2. Auflage, Mai 1997. Diyanet Ausgabe.
[39] Ebd., S. 224.

Der Vertrag von Medina ist bis heute in der ältesten erhalten gebliebenen Propheten Biographie von Ibn Ishaq (gest. 767) „Das Leben des Propheten" (As-Sira an-Nabawiyya) erhaltet überliefert worden.[40] Ins Deutsche wurde diese „Urkunde bzw. Verfassung von Medina", erstmals 1889[41] von dem evangelischen Theologen Julius Wellhausen (1844-1918) übersetzt und publiziert.[42] Der Islamforscher Prof. Montgomery Watt, untersuchte zeitlebens die Authentizität des Textes und kam letztendlich zu der folgenden Schlussfolgerung: „Der Text (Vertrag von Medina) gilt allgemein als authentisch".[43] Auch der Islamwissenschaftler Prof. Ebehard Serauky stellt deutlich klar, dass „die Authentizität des Dokumentes außer Zweifel steht".[44] Im Gegensatz dazu würden muslimische Historiker nach dem katholischen Theologen Prof. Hans Küng zeitweilig übertreiben, indem sie den Bündnisvertrag von Medina, als eine Art Verfassung deklarieren würden. Küng schreibt dazu: „Man hat bisweilen übertrieben eine Verfassung, ja die Gemeindeordnung von Medina genannt".[45]

Die international renommierte Religionswissenschaftlerin Karen Armstrong, widerspricht Küng vehement und weist auf die umfangreiche Funktion des neuen Vertrags von Medina hin. Armstrong beschreibt in ihrem Werk „Kleine Geschichte des Islam" die zentralen Werte der Verfassung aufschlussreich mit den Worten:

---

[40] Nur eine verschwindend kleine Randgruppe innerhalb der Orientalisten, wollen die Authentizität des Vertrags anzweifeln. Siehe hierzu den Beitrag von Marco Schöller in: Damals, das Magazin für Geschichte, S. 23, 49. Jahrgang, 4-2017.

[41] Wellhausen, Julius, Skizzen und Vorarbeiten. Viertes Heft: Muhammads Gemeindeordnung von Medina, Berlin 1889.

[42] Vgl. Idriz, Benjamin, Grüss Gott, Herr Imam – Eine Religion ist angekommen, S. 24-26, Diederichs 2010.

[43] M. Watt, Muhammad at Medina, S. 151-174.

[44] Geschichte des Islam, S. 89, 2003 by edition q.

[45] Küng, Hans, Der Islam, S. 145-146, Piper Verlag, Mai 2006.

„Muhammad war zum Führer einer Stammesgruppe geworden, die nicht durch Blutsverwandtschaft, sondern durch eine gemeinsame Ideologie verbunden war, was für die arabische Gesellschaft eine erstaunliche Erneuerung bedeutete. Niemand wurde gezwungen, zur Religion des Qur´an überzutreten, aber Muslime, Heiden und Juden gehörten alle der einen „umma" (Gemeinschaft) an, durften sich nicht angreifen und hatten geschworen, sich gegenseitig zu beschützten".[46]

Armstrongs Betrachtungsweise erhält eine breite Zustimmung von muslimischen Theologen wie z. B. von Prof. Hüseyin Atay. Für Atay wurde den Juden erstmals in der Geschichte vom Standpunkt einer Minderheit heraus, grundlegende Rechte zugesprochen. Überdies gewährte ihnen die neue Verfassung die unveräußerliche Gleichstellung mit den Muslimen.[47]

Ausschlaggebend sollten die folgenden Paragraphen im Vertrag sein:

25. *„Die Juden von den Bani Auf bilden eine Gemeinschaft mit den Gläubigen. Die Juden haben ihre Religion und die Muslime die Ihrige. Dies gilt für ihre Schutzbürger wie für sie selbst, es sei denn, jemand begeht Unrecht oder Übertretung; denn ein solcher schadet nur sich selbst und seinen Angehörigen".*

26. *„Und die Juden der Banu Nadhir […], und die Juden der Banu Haritha[…], und die Juden der Bani Sa'ida…, und die Juden der Bani Dschuschan […] und die Juden der Banu Aus […], und die Juden der Banu Tha'laba sollen die dieselben*

[46] Armstrong, Karen, S. 28, BvT Dezember 2001.
[47] Atay, Hüseyin, Islam´in Siyasi Olusumu, S. 116.

Rechte und Pflichten haben wie die Juden der Bani Auf. Wer jedoch Unrecht oder Übertretung begeht, der schadet nur sich selbst und seinen Angehörigen".[48]

An diesem Bündnisvertrag nahmen insgesamt 18 verschiedene Stämme teil. Für den Qur´anexegeten Ihsan Eliacik, kann man die Verfassung auch primär mit einem sozialen Vertrag identifizieren, deren Hauptaufgabe unter anderem darin bestand, die ethisch-moralischen Prinzipien im Umgang mit den verschiedensten Gesellschaftsgruppen vertraglich zu regeln.[49]

Ohne Zweifel ist das beeindruckbarstes Merkmal bei dem bereits erwähnten 52 Paragraphen, dass der Begriff Gerechtigkeit nachdrücklich am häufigsten im Text vorkommt.[50] Im Qur´an werden Muslime immer wieder nachhaltig daran angemahnt, sich unermüdlich für die Gerechtigkeit -ungeachtet der Religionszugehörigkeit und Rasse- aktiv einzusetzen:

„O ihr, die ihr glaubt! Setzt euch für Allah ein und seid Zeugen der Gerechtigkeit. Und der Hass gegen eine Gruppe soll euch nicht (dazu) verleiten, anders als gerecht zu handeln. Seid gerecht, das ist der Gottesfurcht naher. Und fürchtet Allah; wahrlich, Allah ist eures Tuns kundig" (Al-Ma´ida, 8).

„Wahrlich, Allah gebietet, gerecht (zu handeln), uneigennützig Gutes zu tun und freigebig gegenüber den Verwandten zu sein; und Er verbietet, was schändlich und abscheulich und gewalttätig ist. Er ermahnt euch; vielleicht werdet ihr die Ermahnung annehmen" (An-Nahl, 90).

---

[48] Ibn Ishaq, Das Leben des Propheten, S. 112-113, Spohr Verlag 1999.
[49] Siehe hierzu: Ihsan Eliacik, Adalet Devleti, S. 167, 1. Auflage 2003.
[50] Ebd., 169.

Das Wesentliche an der Intention der Verfassung war insbesondere gewesen, die tief gespaltete und obendrein verfeindete Gesellschaft auf der Basis der Gemeindeordnung zu vereinen. Dabei soll nochmals daran erinnert werden, dass sich die Zusammensetzung der Bevölkerung in Medina aus den unterschiedlichsten ethnischen und religiösen Gruppen resultierte. Durch die beispiellose Vorgehensweise des Propheten, konnten alle Einwohner dieselben Rechte und Pflichten in der *„Einheit der Diversität"* genießen.[51] Kein Muslim durfte durch das Abkommen einem Juden bevorzugt werden. Dieses und nichts anderes war die Essenz der Gemeindeordnung von Medina gewesen.[52]

Angesichts dessen, wäre es auch heute in Zeiten der Umbrüche gewiss nicht übertrieben, in der Gemeindeordnung von Medina, eine unversiegbare Inspirationsquelle für multireligiöse und multiethnische Gesellschaften des 21. Jahrhundert auch weiterhin zum Vorbild scheint.[53]

---

[51] Der Artikel in der Islamischen Zeitung „Von Empörung zum Engagement", S. 16, Ausgabe Juni 2017 ist in diesem Zuammenhang sehr aufschlussreich.

[52] Ramadan, Tariq, Muhammad – Auf den Spuren des Propheten, S. 119-121, Diederichs Verlag 2009.

[53] Siehe in diesem Zusammenhang auch: „Die Zehn Gebote in Zeiten Umbruchs" in http://antikezukunft.de/2017/01/16/ecevit_polat_zehn_gebotedie-zehn-gebote-in-zeiten-des-umbruchs/ (zuletzt aufgerufen am 13.06.17).

Price Paid: 0.00

Säkularistische Fundamentalisten auf dem Vormarsch

Prof. Dr. Ecevit Polat

„Ein wirklich gläubiger Mensch ist ausserstande, seinen Glauben an der Garderobe abzugeben"

(Dr. Murad Wilfried Hofmann, Der Islam als Altenative, S. 114, 2010)

Die Begegnung zweier Kulturen

Bis heute streiten sich Historiker darüber, ob Karl der Große in den Jahren 797 und 807 Gesandtschaften nach Baghdad zu dem namhaften Abbasidenkhalifen Harun al-Raschid, geschickt haben soll. Jedenfalls gehen die ernsthaften Auseinandersetzungen des Abendlandes mit dem Islam als eine eigenständige monotheistische Religion neben dem Christentum, schon vor den Kreuzzügen zurück. Es war kein geringerer als Petrus Venerabilis (ca. 1092-1156) dem Abt des Klosters von Cluny, der entgegen der konventionellen Sichtweise die Überzeugung vertrat, sich friedlich und mit kühner Sachlichkeit den Glaubensvorstellungen der Muslime zu begegnen. Schon früh wurde Venerabilis bewusst, dass ein auf Augenhöhe geführter Dialog nur dann gediegen und Tragfähig sein konnte, wenn man die Grundlagen ihres Glaubens besser verstehen würde. Schließlich waren es zum ersten Mal christliche Übersetzer wie Hermannus Dalmata und Robertus Ketenensis auf Weisung ihres Abtes von Cluny als jene gewesen, die den Koran erstmals ins Lateinische (1143) in Toledo veröffentlichten. Dieser Geist der Annäherung ist inzwischen durch die überwiegende muslimische Flüchtlingswelle nach

Deutschland, ungünstig in die atmosphärische Zeit vor dem Bestreben des Abtes zurück gedrängt worden.

Warum Muslime kein Problem mit dem Grundgesetz haben

Tatsächlich scheint in der aktuellen Debatte um den Islam in Deutschland, das einstige Vermächtnis jenes Abtes von Cluny, seine historische Wirksamkeit nur noch in Form von Fußnoten in den Geschichtsbüchern seine Beständigkeit zu schmücken. Da das gegenwärtige Klima um seine Muslime kein Produkt der Neuzeit ist, hat unlängst der Berliner Sozialforscher Achim Bühl in einer umfassenden Studie anhand von historischen Feindbild-stereotypen nachgewiesen. Danach durchzieht der Antagonismus beider Kulturen durchaus mehr als 1000 Jahren mit etlichen Höhen und Tiefen die Seiten der tradierten Geschichtsbücher. Für andere Forscher war es wiederum längst überfällig gewesen, den alten und neuen Widersacher des Westens, wieder auf der Weltbühne zu begrüßen. Denn wie sonst sollten die Deutschen – ohne Mithilfe des äußeren Feindes- wieder ihre alteingesessene Identität erlangen können? Kurzum: Es ist mittlerweile wieder eine Modeerscheinung geworden, den Islam und seine Muslime im Namen der eigenwilligen Demokratie und Freiheitsverständnis auf jedwede Plattform ihr Dasein zu hinterfragen.

Demzufolge ist es nicht mehr zu bestreiten, dass die offenkundige Diffamierung des Islam, insbesondere nach den Wahlerfolgen der AfD, weitaus andere Dimensionen im Lande angenommen hat, als zuvor erwartet wurde. Der prominenteste Neuzugang der AfD, Nikolaus Fest, hat nun seine einmalige Gunst dafür genutzt, um gesondert seine anti-Islamischen Ressentiments mittels der Politik einzusetzen. Der lang-jährige

Springer-Journalist und bekennender Atheist meldete sich bereits zuvor in Bild am Sonntag (27.07.14) mit der Verlautbarung, dass der Islam schuld an überproportionaler Kriminalität, Zwangsheirat, Ehrenmord und für die Verachtung der Frauen stehen würde. Kein Wunder, wenn er jetzt noch einmal den Ton verschärft mit der Feststellung, wonach der Islam ausschließlich für eine totalitäre Bewegung sei, die nicht mit dem Grundgesetz vereinbar ist.

Die Konsequenz wäre nach seiner Logik, alle Moscheen bedingungslos schließen zu müssen, um so den Einflussbereich der Gläubigen Muslime in die Schranken zu verweisen. Dabei blendet Nikolaus Fest im Grunde die Tatsache ganz geschickt aus, dass wenn man so will, alle monotheistischen Religionen letztendlich mit dem Grundgesetz in etlichen Belegstellen kollidieren. Es ist sicherlich unschwer nachzuweisen, dass das Judentum und das Christentum bei böswilliger und entsprechend buchstabengetreuer Auslegung ebenfalls verfassungswidrig sind. Schließlich sucht man vergeblich über die Vorschrift zum steinigen der Ehebrecher im Koran, sondern man findet sie ausschließlich in der Bibel stehen.

Darüber hinaus verpflichtet die im Westen angst-einflößende Scharia die Muslime eindringlich dazu an: O ihr, die ihr glaubt, haltet die Verträge (Sure 5, Vers 177). Demzufolge stellen eingegangene Verpflichtungen einen wesentlichen Kernbestand der Frömmigkeit dar. Desweiteren ist das Grundgesetz wie der ehemalige deutsche Botschafter Murad W. Hofmann folgerichtig bemerkt, kein religiöser, jenseits orientierter Text. Konkret würde das bedeuten, dass beide Texte nicht in Konkurrenz zu einander stehen, sondern für sich selbst.

Der tabuisierte säkularistische Fundamentalismus

Dabei wird oftmals verkannt, wie markant die Trennlinien zwischen den metaphysischen und den säkularistischen Weltanschauungen verläuft. Der Säkularismus ist eine weltgeschichtlich junge Erscheinung, die beim genaueren hinsehen eine in der Welt begrenzte Erscheinung darstellt. Zweifelsfrei hat sie wie in Mexiko (1855) und in Frankreich (09.12.1905) durch die radikale Trennung von Kirche und Staat, überwiegend als Religionsersatz für die Entsakralisierung der Gesellschaft gedient. Hier ging es lediglich darum, die Religion aus dem öffentlichen Raum -nach dem Trauma im Mittelalter mit der Kirche- ein für allemal zu verbannen. Auch gegenwärtig sind säkularistische Fundamentalisten aktiv am Werk wenn es darum geht, die Religion als solche von staatlichen Institutionen, insbesondere von der Schule- durch den Ersatz des Ethikunterrichts- fernzuhalten.

Offensichtlich wird weiterhin unzureichend zur Kenntnis genommen, dass der Säkularismus mehr oder weniger auch eine Weltanschauung ist, die zudem eigenwillige Wertmaßstäbe setzen kann. Andererseits gibt es auch geglücktere Beispiele wie hier in Deutschland, wobei vordergründig an die Erwähnung Gottes im Grundgesetz zu denken ist, oder die Einziehung von Kirchensteuer um ganz zu schweigen vom staatlichen Schutz der kirchlichen Feiertage sprechen zu müssen.

In anderen Ländern wie etwa in Großbritannien und Italien, gibt es trotz der Trennung von Staat und Religion wie auch in Deutschland, eine distanziert- harmonische Zusammenarbeit auf geradezu allen sozialen Ebenen. Insofern besteht bei den mehrheitlichen Muslimen dieses Landes nicht der geringste Zweifel darin, indem sie genau so viel wie die Mehrheitsgesellschaft dieses Landes darauf aus sind, wenn Religion und

Staat harmonisch und integral aufeinander bezogen sind. Infolgedessen haben nicht Muslime sich über das Grundgesetz zu beklagen, sondern das Parteiprogramm der AfD scheint offensichtlich ein erhebliches Problem mit der freiheitlichen Grundordnung in diesem Land zu haben.

Muhammad – Prophet des Islam

Prof. Dr. Ecevit Polat

„Sein Leben, sein Werk"

I. Einleitung

In den letzten Jahren ist eine Reihe von Sīra-Werken im deutschsprachigen Raum mit jeweils unterschiedlichen Ansprüchen erschienen. Neben den populär[54] bzw. wissenschaftlichen Publikationen befinden sich auch Veröffentlichungen, die sich im Grunde genommen nur auf bestimmte Teilaspekte in der Biografie des Propheten Muhammad konzentrieren.[55] Allerdings könnte hier berechtigterweise die Frage aufkommen, weshalb das Leben eines Gesandten Gottes auch nach ca. 1500 Jahren seine Relevanz bewahren soll? Das liegt unter anderem daran, dass Muslime durch ihre Heilige Schrift dazu angehalten sind, ihren Propheten als Vorbild zu nehmen, insbesondere was die Ethik und die Glaubenspraxis betrifft. Der Qurʾān betont sogar nachdrücklich den außergewöhnlichen Stellenwert des Propheten im Leben eines Gläubigen Menschen wie folgt: *„Der Prophet steht den Gläubigen näher als sie sich selbst[...]"* (Al-Azhab, 6). In den wichtigsten sunnitischen Hadith-Kompendien wird dieser Vers vom Propheten folgendermaßen erläutert:

---

[54] Lings, Martin, Muhammad-Sein Leben nach den frühesten Quellen, Spohr Verlag 2000; Ramadan, Tariq, Auf den Spuren des Propheten, Diederichs Verlag, München 2009.

[55] Vgl. Schoeler, Gregor, Charakter und Authentie der muslimischen Überlieferung über das Leben Mohammeds; sowie Andreas Görke und Gregor Schoeler, Die ältesten Berichte über das Leben Muhammads. Das Kopus Urwa b. az-Zubair.

48

„Keiner von Euch ist ein wahrer Gläubiger, bevor ich ihm nicht mehr am Herzen liege als sein Vater, seine Kinder und die ganze Menscheit".[56]

Deshalb war es für die Prophetengefährten nicht verwunderlich gewesen, in Muhammad einen *„spirituellen Vater seiner Gemeinde"* zu sehen. [57]

In einem weiteren Vers, wird die vorbildhafte Lebensweise des Propheten unwiderruflich für die Gläubigen zur Sprache gebracht:

„[...] siehe, du hälst dich fürwahr an eine erhabene Lebensweise (khuluq) [...] (Al-Qalam, 4).[58]

„In dem Gesandten Gottes habt ihr wirklich ein schönes Beispiel für jeden, der auf Gott und den Jüngsten Tag hofft und oft Gottes gedenkt" (Al-Azhab, 21).

Dank dieser qur´ānischen Verse wurden sämtliche Menschen dazu animiert, die besondere Lebensweise und den Charakter des Propheten für die Nachwelt nicht nur mündlich, sondern insbesondere in schriftlicher Form festzuhalen.[59]

---

[56] Überliefert bei Bukhari, Iman, Hadith Nr. 8 und Muslim, Iman, Hadith Nr. 70.

[57] Vgl. Asad, Muhammad, Die Botschaft des Koran, S. 796, Anmerkung 8, Patmos Verlag, 2. Auflage 2011.
Ebenda., S. 1083-1084, Anmerkung 4. Asad erläutert bezugnehmend auf den

[58] Der Qur´ānexeget at-Tabarī (gest. 923) übersetzt „khuluq" als „Lebensweise", anstatt der üblichen Übersetzungen wie „edle Natur", „Charakter" und „Verhalten".

[59] Deshalb klassifiziert Prof. Dr. Ramadān al-Būtī (gest. 2013) für die Notwendikeit um das Wissen über den Propheten die methodologische Reihenfolge hierzu wie folgt: 1. Der Qur´ān, 2. Die authentischen Überlieferungen in den Hadith-Kompendien, und 3. die sīra-Werke, vgl. Fikhu´s Siyre, S. 35-37, Gonca Yayinevi.

Die ältesten und bis heute überlierferten sīra-Werke
können wie folgt aufgelistet werden:

1. Das Korpus von Urwa b. az-Zubair (gest. 712).[60]

2. Kitabu´l al-Magazi (Buch der Feldzüge)
    von Az- Zuhri (gest. 742).[61]

3. As-Sīra An-Nabawiya (Das Leben des Propheten)
    von Ibn Ishaq (704-767).[62]

4. Kitāb at-Tabaqāt al-kabīr (Das große Klassenbuch)
    von Ibn Sa´d (784-845).[63]

Daher überrascht es nicht, dass der Orientalist Prof. Aloys
Sprenger (1813-1893) in Urwa b. az-Zubair den Begründer
der Muhammad-Biographie erkannt zu haben scheint.[64]

---

[60] Akribisch bis auf Urwa rekonstruiert und herausgegeben von Andreas Görke und Gregor Schoeler, in: Die ältesten Berichte über das Leben Muhammads, The Darwin Press 2008.

[61] Das Werk von az-Zuhri ist in seiner ursprünglichen Form verloren gegangen. Ein großteil davon ist glücklicherweise in anderen Werken überliefert worden. Vgl. Schoeler, Gregor, Charakter und Authentie der muslimischen Überlieferung über das Leben Muhammeds, S. 20, Fußnote 95, Verlag Walter de Gruyter 1996.

[62] Diese Biographie wurde im Jahre 1858 vom Göttinger Bibliotheker und Orientalist Ferdinand Wüstenfeld (1808-1899) erstmals in Deutsch publiziert.

[63] Diese umfangreiche Sammlung ist heute in 8 Bänden original in Arabisch erhalten geblieben.

[64] Zur Auflistung der vollständigen und ältesten sīra-Literatur, siehe: Öz, Şaban, Farkli Siyer´i Okumak-Bir Siyer Eleştirisi, S. 20-25, Araştirma Yayinlari, Mart 2014. Allerdings sind viele dieser Werke nicht bis heute tradiert wurden.

Die historischen Quellen bezeugen einvernehmlich, dass Urwas Prophetenvita die erste schriftliche systematische Tradierung ist. Tatsächlich bezeugen die historischen Quellen einvernehmlich darüber, dass Urwa als einer der ersten die systematische Tradierung zur Prophetenvita schriftlich festgehalten hatte.[65] Die folgende Anekdote von Anas ibn Mālik illustriert eindrucksvoll den Charakter des Propheten mit dem folgenden Satz:

> *„Ich diente dem Gesandten Gottes zehn Jahre lang, und er sprach zu mir niemals ein böses Wort, noch fragte er jemals, wenn ich etwas getan hatte: „Warum hast du das getan?", noch, wenn ich etwas unterlassen hatte: „Warum hast du das nicht getan?".*[66]

Wie sehr der Prophet die qur'ānische Lehre verinnerlicht und praktiziert hatte, geht aus der anschließenden Überlieferung deutlich hervor: Als eines Tages die Ehefrau Āiša nach dem Charakter des Propheten gefragt wurde, antwortete sie: *„Sein Charakter war der Qur'ān!".*[67]

Gewissermaßen war das der wesentliche Grund dafür gewesen, weshalb ununterbrochen die sīra-Literatur ihre Beständigkeit bis in die Gegenwart bewahren konnte. Dies wiederum spricht dafür, warum wir heute über den Propheten Muhammad besser Bescheid wissen als irgendeine andere Persönlichkeit der

---

[65] Sprenger, Aloys, Das Leben und die Lehre des Mohammed. Nach bisher größtenteils unbenutzten Quellen. Olms, Hildesheim 2003 (Repr. d. Ausg. Berlin 1861). Siehe aber auch die Dissertation von Johann Fueck; Muhammed ibn Ishaq, Litterar historische Untersuchung, Frankfurt-am-Main, 1925.

[66] Überliefert bei Muslim, Fadā'il, Hadith Nr. 82.

[67] Vgl. Ahmad ibn Hanbal, al-Musnad Hadith Nr. 24601 und Muslim Hadith Nr. 747.

Spätantike.[68] Eines dieser beträchtlichen sīra-Werke, die aufgrund von einschlägigen historischen Quellen das Leben Muhammads bekunden, ist ohne Zweifel das Werk *„Muhammad - Prophet des Islam"* von Muhammad Hamidullah. Wer aber ist eigentlich Muhammad Hamidullah gewesen, der mit Sicherheit zu den bedeutendsten muslimischen Gelehrten des 20. Jahrhundert zählt?[69]

II. Zur Person von Muhammad Hamidullah

Hamidullah wurde 1908 im indischen Haydarabad geboren. Sein Vater Abū Muhammad Halīlullah gehörte zu den bedeutensten Muftis von Haydarabad. In seiner Jugend begann er in der Madrasa Dâr´ ul-Ulum seine Schuldbildung und studierte anschließend an der Osmaniyya-Universität internationales Recht. Später im Ausland promovierte Hamidullah 1933 an der Rheinischen Friedrich-Wilhelms-Universität in Bonn zum Thema *„Die Neutralität im islamischen Völkerrecht".70* Seit Anfang der 30er Jahre unternahm Hamidullah auch umfangreiche Studienreisen vor allem in jene Länder, die über eine ausgewiesene Bibliothek verfügten, in denen er eingehend beachtliche Handschriften vor Ort studieren konnte.[71]

---

[68] Vgl. Armstrong, Karen, Muhammad-Religionsstifter und Staatsmann, S. 15, Diederichs Verlag, München 1993.

[69] Vgl. Apak, Adem, Muhammed Hamidullah´in Siyer ilmine Katkilari, S. 68, Uludağ Üniversitesi ilahiyat Fakultesi, Cilt: 13, Sayi: 1, 2004.

[70] Diese Dokorarbeit wurde schließlich 1935 in Leipzig gedruckt, vgl. Muhammed Hamidullah Sempozyumu, S. 103, 18-19 Kasim 2005, Bursa Müftülügü.

[71] Einige dieser Länder waren unter anderem: Damaskus, Sana, Mekka, Medina und Jerusalem.

Unmittelbar nach seinem Aufenthalt in Deutschland promovierte Hamidullah 1935 nun ein zweites Mal an der Sorbonne in Paris.[72] Nach seiner Rückkehr in die Heimat habilitierte er an der Osmania-Universität und hatte den Lehrstuhl der rechtswissenschaftlichen Fakultät inne. Es kam zu einem unerwarteten Wendepunkt im Leben Hamidullahs.

Denn im Jahr 1948 brachen Unruhen vor allem durch die politischen Zerwürfnisse im Lande aus, die letztendlich zur Teilung Indiens herbeiführten. Aus gegebenem Anlass ersuchte Hamidullah in Frankreich um politisches Asyl, wo er schließlich als „*heimatloser Flüchtling*" seine Lehrtätigkeiten im Nationalen Wissenschaftlichen Forschungszentrum (CRNS) wieder fortsetzen konnte. Über viele Jahre hinweg hielt Hamidullah auch Gastvorlesungen in den Fakultäten und Forschungseinrichtungen der Türkei wie Ankara, Istanbul und Erzurum. Prof. Hamidullah starb am 17. Dezember 2002 in Jacksonville, Florida, Vereinigte Staaten.

III. Muhammad – Prophet des Islam.
Sein Leben, sein Werk.

(1) Man könnte sich aus gutem Grund die Frage stellen, weshalb nach 55 Jahren ausgerechnet diese Propheten-Biografie von Hamidullah ins Deutsche übersetzt wird, wo sich inzwischen doch zahlreiche Biografien auf dem deutschen Büchermarkt im Umlauf befinden? In der Tat gibt es eine Reihe von guten Gründen für die Herausgabe dieses Werkes aus dem Französischen ins Deutsche. Der in Deutschland rennomierte

---

[72] Vgl. Documents sur la Diplomatie Musulmane â l´Epogue du Prophéte et des Khalifs Orthodoxes (Sammlung der Dokumente, zur muslimischen Diplomatie in der Epoche des Propheten und der rechtgeleiteten Kalifen).

Islamwissenschafter Prof. Hartmut Bobzin, hält die Propheten-Biografie von Hamidullah schlechthin zu den bedeutendsten Prophetenvita in den europäischen Sprachen.[73] Die Nestorin der deutschen Islamwissenschaft Prof. Annemarie Schimmel (gest. 2003) beschrieb komprimiert die Notwendigkeit jenes Werkes von Hamidullah mit den Worten:

> *„Ein wichtiges modernes Zeugnis der islamischen Sicht in einer westlichen Sprache ist Muhammad Hamidullahs „La Vie du Prophéte", das, auf gründlichen Quellenstudien beruhend, das Leben des Propheten aus der Feder eines westlich geschulten, tiefgläubigen Muslims darstellt".[74]*

Annemarie Schimmel schrieb diese Zeilen vor etwa 35 Jahren und vermisste zugleich, dass die vorwiegend im Westen publizierten Muhammad-Biographien den folgenden ausschlaggebenden Wesensmerkmalen nicht gerecht wurden:

— Zum einen, dass überwiegend nicht auf gründlichen Quellenstudien nachgegangen wurde.

— Zum zweiten, dass die meisten Muhammad-Biographien nicht aus der Feder von überzeugenden Muslime stammten, sondern von Orientalisten geschrieben wurden.

— Und drittens, dass sie nicht in europäische Sprachen verfasst wurden.

---

[73] Siehe hierzu: Bobzin, Hartmut, Mohammed, S. 119, 4., durchgesehene Auflage, Verlag C.H.Beck, München 2011.
[74] Zitiert aus: Und Muhammad ist Sein Prophet-Die Verehrung des Propheten in der islamischen Främmigkeit, S. 9, 1. Auflage, Eugen Diederichs Verlag, Düsseldorf 1981.

Nach der Überzeugung von Schimmel, entsprachen somit alle drei genannten Kriterien ausdrücklich dem Werk von Hamidullah. Auch der Osnabrücker Islamwissenschaftler Prof. Bülent Uçar unterstreicht die Aussage Schimmels und betont, dass es mangele insbesondere im deutschsprachigen Raum *„an geeigneten Büchern über die sīra, welche den wissenschaftlichen und bekenntnisgebundenen Standards gleichermaßen genügen".*[75]

Dieser Bitte ist nun durch die Projektleitung des Vereins VDM e.V. (Verein für Denkende Menschen, mit Sitz in Essen) entsprochen worden. Dieser Verein leistet einen enormen Beitrag bei der Herausgabe relevanter Publikationen im deutschsprachigen Zirkel.[76] Glücklicherweise konnte der Verein Bülent Uçar als wissenschaftlichen Berater für dieses Projekt gewinnen. Wie unabdingbar der Beitrag von Uçar ist, lässt sich bestenfalls in den Anmerkungen ersehen. Man sollte sich gewiss vor Augen halten, dass das Werk von Hamidullah nahezu vor 55 Jahren verfasst wurde *„und manches durch den Fortschritt der Wissenschaft und durch sozio-politische Entwicklungen auch überarbeitungsbedürftig"*[77] ist.

Desgleichen vertrat Hamidullah an einigen Stellen auch Ansichten, die aus dem theologischen Spektrum her unterschiedlich gedeutet werden können.[78] Und genau hier liegt die Stärke und Bereicherung der Kommentierung von Uçar, indem sie

---

[75] Vgl. Einführende Gedanken zu Hamidullahs sīra-Werk, S. 9, in „Muhammad-Prophet des Islam. Sein Leben, sein Werk", 1. Auflage, Patmos Verlag 2016.

[76] Siehe zu den aktuellen und den zukünftigen Veröffentlichungen: http://www.vdmev.de/

[77] Vgl. Muhammad- Prophet des Islam. Sein Leben, sein Werk, S. 10.

[78] Als Beispiel kann hier auf die Anmerkung von Uçar zum Gesichtsschleier, S. 722 verwiesen werden.

gezielt an jenen erklärungsbedürftigen Stellen eingesetzt ist, um dem Leser anhand von fachmännischer Erläuterungen zur Seite zu stehen.[79]

(2) Es ist bemerkenswert und zugleich erstaunlich, was für eine Fülle von Quellenmaterial Hamidullah für die Propheten-Biografie verwendet hat. Insbesondere in einer Zeitepoche, wo es ohnehin sehr schwierig gewesen war, sich an die Primärquellen zu erschließen. Hamidullah nutzte seine Forschungsreisen unter anderem auch dafür, um die handschriftlichen Dokumente in den Archiven der jeweiligen Bibliotheken eigenhändig zu studieren. Ohne Zweifel war der größte Vorteil in diesem Zusammenhang von Hamidullah, dass er bis zu fünfzehn Sprachen beherrschte, um nur hier einige aufzuzählen: Arabisch, Türkisch, Persisch, Französisch, Deutsch und die Englisch.[80] Und genau diese sprachliche Begabung erlaubte es ihm, für sein Werk aus den relevantesten historischen Quellen ausgiebig zu schöpfen. Desweiteren hantierte Hamidullah aus diesen schriftlichen Quellen nicht willkürlich, sondern wägte vergleichsweise die historischen Quellen gegeneinander kritisch ab, um dem Wahrheitsgehalt der Berichte, angesichts von geschichtlicher Rekonstruktion zu verifizieren.[81]

---

[79] Vgl. hierzu S. 40, Fußnote 55 und die Anmerkungen auf S. 19, S. 66 und S. 189-190 von Uçar.

[80] Vgl. http://www.gazeterize.com/ERZURUM/erzurum-kitap-gunlerinde-islam-peygamberi-ve-prof-dr-muhammed-hamidullah-konferansi-h46887.html (zuletzt aufgerufen am 09.09.2016).

[81] Siehe hierzu den Brief des Propheten an den persischen Statthalter von Bahrein [al-Mundhir ibn Sâwî] S. 262-266 und den Brief an die Ko-Könige von Oman S. 285-292 in „Der Prophet des Islam" an.

In den konventionellen Muhammad-Biographien ist es geradezu üblich, die sīra-Literatur mit dem Stammbaum des Propheten beginnen zu lassen.[82]

Im Gegensatz dazu beginnt Hamidullah sein sīra-Werk erstaunlicherweise mit einer Einleitung, in der er sechs Punkte aufzählt, um zu begründen, weshalb das Erforschen um das Leben des Propheten von grundlegender Bedeutung ist.[83] Bevor ausführlich auf die Geschichte von Arabien eingegangen wird, zeichnet Hamidullah einen weiten geschichtlichen Bogen unmittelbar über die historisch religiösen Umstände der Nachbarländer nach. Hierdurch wird der Leser in die geschichtlichen Abläufe der Weltgeschichte und um deren historischen Kontext, eindrucksvoll involviert.[84]

Zusammengefasst lässt sich das Buch in zwei große Abschnitte teilen. Im ersten Teil geht es vielmehr darum, den Beginn und die Sendung bis hin zur Auswanderung (Hidschra) des Propheten nach Medina zu skizzieren. Das politisch-religiöse Leben wird dabei ausgedehnt zur Sprache gebracht, sowie die einzelnen Wendepunkte in Muhammads Verteidigungskriege.[85] Desweiteren wird nicht nur hinreichend die sonderliche Beziehung des Propheten zu den Christen im Nadschrân[86] geschildert, sondern die seit Jahrhunderten entfachte theologisch-dogmatische Diskrepanzen zwischen der christlich-islamischen Lehre wie etwa in den Fragen der Kreuzigung[87]

---

[82] Vgl. Ibn Ishaq, Das Leben des Propheten, S. 25, Spohr Verlag 1999; Ibn Hazm, Cevâmi ´u´s-sīre, S. 42-44, 1. Auflage, März 2004, Çira Yayinlari.

[83] Vgl. S. 18-20.

[84] Vgl. S. 23-28.

[85] Vgl. Die Schlacht von Badr, S. 154-161; Die Schlacht von Uhud sowie die Grabenschlacht, S. 161-179.

[86] Ebenda., S.419-424.

[87] Ebenda., S. 429-433.

und der Sohnschaft Jesu[88], bzw. der Trinitätslehre[89], nicht außer Acht gelassen.

Erst im zweiten Teil konzentriert sich Hamidullah auf das Privatleben des Propheten, eingeschlossen mit Biografien über seine Ehe mit den Müttern der Gläubigen.[90] Wie es allgemein bekannt ist, gewährte der Qur'ān aus unterschiedlichen sozio-kulturellen Gründen den Männern das Recht zu, bis zu vier Frauen gleichzeitig zu ehelichen.[91] Wie konnte es jedoch dazu kommen, dass der Prophet mit mehr als vier Frauen gleichzeitig verheiratet war? Hamidullah weicht keineswegs von dieser Frage aus:

> *„Nach dem Qur'ān ist vier die maximale Zahl von Frauen, die ein Muslim zu ehelichen das Recht hat. Der Prophet fühlte sich niemals über dem Recht stehend, das er erließ. Warum also hatte er in dieser Angelegenheit mehr Freiheit? War dies ein besonderes Vorrecht, das auf göttlichen Offenbarungen gründete?".[92]*

Bezeichnenderweise legt Hamidullah entgegen der konventionellen Sichtweise anhand von Primärquellen dar, dass der Prophet keinesfalls das Gebot bis zu vier Frauen zu ehelichen missachtet hatte, oder auch nur Sonderrechte für ihn von Gott diesbezüglich eingeräumt wurde.[93]

---

[88] Ebenda., S. 427-436.
[89] Ebenda., S.436.
[90] Als Mütter der Gläubigen gelten nur die Ehefrauen des Propheten. Nach seinem Ableben wurde es deshalb vom Qur'ān explizit verboten, sie zu ehelichen, vgl. Al-Azhab, 6.
[91] Siehe zur Vielehe: Hofmann, Murad, Der Islam als Alternative, S. 166-168, Çağri Yayinlari, 6. Auflage, 2010.
[92] Vgl. Muhammad- Prophet des Islam. Sein Leben, sein Werk, S. 460.
[93] Ebenda., S. 460-461.

Wie Original Hamidullahs sīra-Werk ist, lässt sich unter der Überschrift *„Die Verfassung des ersten islamischen Staates"* imposant nachvollziehen. Als die Verfolgung und die Unterdrückungen im Jahre 622 n. Chr. für die Muslime unerträglich wurden, beschlossen sie Mekka zu verlassen, um nach Medina auszuwandern. Diese Auswanderung wird in der Geschichtsschreibung als die *„Hidschra"* beschrieben. In Medina befanden sich unterschiedliche arabische und einflussreiche jüdische Stämme, die untereinander in vielen Angelegenheiten und diverser Meinungsunterschiede zwischenzeitlich in Streitigkeiten verwickelt waren. Nach der Emigration nach Medina, wurde der Prophet als Schlichter für die prekäre Situation der Lage einberufen. Für Muhammad schien es nun unentbehrlich zu sein, den ersten Gesellschaftsvertrag in der Menschheitsgeschichte schriftlich entwerfen zu lassen. Hamidullah schreibt hierzu:

> *„Es ist nicht nur die Verfassung des ersten muslimischen Staates, sondern auch die erste schriftliche Verfassung eines Staates auf der Welt".*[94]

Hamidullah beschreibt die Verfassung im Angesicht des Historischen-Kontext, als eine unumstößliche Revolution in der Weltgeschichte:

---

[94] Ebenda., S. 135; Hans Küng jedoch kritisiert die Gemeindeordnung von Medina als eine Verfassung zu bezeichen, Der Islam - Geschichte, Gegenwart, Zukunft, S. 145-146, Taschenbuch Ausgabe, Piper Verlag 2006.

„Diese Gemeinschaft bildete eine gegenüber der ganzen Welt unterschiedene Einheit (§ 2) und erkannte die Gleichheit der Rechte jedem seiner Bestandteile zu, vor allem in Kriegszeiten (§ 15, 18, 19). Ein gesonderter Artikel (§ 16) lässt den Juden eine offene Tür, um in diese politische Organisation auf der Grundlage der gegenseitigen Hilfe und der Gerechtigkeit für alle einzutreten. Die Urkunde stellte eine echte Revolution hinsichtlich der Justizverwaltung dar, denn die Aufgabe, dafür Sorge zu tragen, wurde, ein für alle Mal, der Kollektivitat, der Zentralgewalt übertragen, und nicht mehr dem Einzelnen. Jeder Bürger musste seinen Beitrag leisten, sei es auch gegen die Mitglieder seines Stammes, seiner Familie, gegen seine Nächsten (§ 13)".[95]

Andere Forscher halten den Vertrag von Medina gerade in Bezug zu den Juden, für einen authentischen Umbruch in ihrer zum größtenteils verhängnisvollen Geschichte. Zum erstenmal wurde den Juden aus dem Standpunkt einer Minderheit, grundlegende Rechte garantiert. Gleichwohl gewährte ihnen die neue Verfassung ebenfalls die unantastbare Gleichstellung mit Muslimen innerhalb der Umma als eine Wertegemeinschaft.[96]

IV. Resümee

In einer Zeit, wo der Prophet und der Islam zum neuen und alten Feindbild stilisiert werden, kommt die Propheten-Biografie von Muhammad Hamidullah genau zur rechten Zeit auf dem deutschen Büchermarkt.[97]

---

[95] Vgl. Muhammad- Prophet des Islam. Sein Leben, sein Werk, S. 137.
[96] Vgl. Atay, Hüseyin, Islam´in Siyasi Oluşumu, S. 116.
[97] Vgl. Polat, Ecevit, Der Islam im Umbruch zwischen Tradition und Moderne, S. 39-52, Verlag BloggingBooks 2016.

Es scheint kein Bildungsfehler unter den Nicht-Muslimen zu sein, von einem der bedeutendsten Persönlichkeiten der Weltgeschichte nur bruchstückenhaft und verzerrt Bescheid zu wissen, obwohl dieser doch von mehr als 1,8 Milliarden Menschen als ein Gesandter Gottes geehrt wird. Das sīra-Werk unterstreicht im Grunde genommen einen zentralen Grundsatz des Qur'ān, in der der Gegensatz zwischen dem Propheten und den Menschen in einem Punkt diametral unterschieden wird:

„Geoffenbart wurde es mir nur, damit ich [Muhammad] ein aufklärender Warner bin" (Sad, 70).

Wie die Biografie nahe legt, hatte der Prophet wie jeder anderer Mensch auch Höhen und Tiefen in seiner knapp 23-jährigen Propheten-Geschichte gehabt. Hamidullah ist es beispielhaft gelungen, den Propheten nicht als einen Übermenschen, sondern als einen ihresgleichen aus ihrer Mitte darzustellen.[98] Das zeigt auch, weshalb das Werk von Hamidullah für zahlreiche Forschungen zur sīra-Literatur als Quelle gedient hat[99] und dank dieser neuen Übersetzung auch weiterhin dienen wird. Deshalb ist es geradezu für weitsichtige Beobachter ersichtlich, die Veröffentlichung von *„Muhammad – Prophet des Islam"* zum Standardwerk innerhalb der sīra-Literatur im deutschsprachigen Raum zu erheben.

---

[98] Vgl. Hofmann, Murad, Muhammad im Koran, S. 22-23, Koran-Kompakt, Diederichs Verlag, München 2002.

[99] Vgl. Yeniçeri, Celâl, Hz. Muhammed ve Yaşadiği Hayat, S. 24, M.Ü. Ilâhiyat Fakültesi Vakfi Yayinlari, Istanbul 2000; Karaman, Hayreddin, islam'in Işiğin da Günün Meseleleri, S. 573-574, iz Yayincilik, Istanbul 2010.

Die Geschichte von der schriftlichen Fixierung der Überlieferung

Prof. Dr. Ecevit Polat

*„Es ist in unseren Tagen Mode geworden, die Echtheit
der Hadithe und damit die ganze Struktur der Sunna
grundsätzlich zu leugnen"*

(Muhammad Asad (1934), Islam am Scheideweg, S. 99)

Noch im 19. und 20. Jahrhundert ging die überwiegende Mehrheit der Orientalisten unnachgiebig davon aus, die Hadithe (Überlieferungen des Propheten) nicht als authentisches Quellenmaterial zu klassifizieren. Sicherlich waren hierzu die Bestrebungen und Haltungen von Josef Schacht (gest. 1969) und Ignaz Goldziher (gest. 1921), durchaus ausschlaggebend gewesen. Danach würden Hadithe im Grunde genommen nichts weiter als Informationsquellen der poltischen und gesellschaftlichen Hintergründe des aufstrebenden 8. und 9. Jahrhunderts zu betrachten. Nach Goldziher war es damit kategorisch ausgeschlossen, schriftliche Aufzeichnungen der Hadithe bis auf die Zeit des Propheten unablässig zu rekonstruieren.[100]

In Diskrepanz dazu ist der Stellenwert der Überlieferung, die mittels der Hadithe tradiert wurden, eine nicht zu ersetzende Grundlage insbesondere was die praktische Ausübung der Gottesdienste im Islam betrifft. Die Sunna des Propheten enthält entsprechender Weise in dieser Relation eine normative Funktion, wie dies unter anderem über die Verrichtung des

---

[100] Vgl. Muhammedanische Studien, zweither Theil, Halle 1890.

Gebets veranschaulicht werden kann. Der Qur´an gibt keine konkreten Anweisungen, aus wie vielen Gebetsabschnitten (raka) z. B. ein Ritualgebet zu praktizieren ist. Um den normativen Charakter eines Hadiths in diesem Zusammenhang zu unterstreichen, sei der Ausspruch von Muhammad (s) von grundlegender Bedeutung: *„Betet so, wie ihr mich beten gesehen habt".*[101]

Insofern schien es keineswegs befremdlich zu sein, wenn namhafte Prophetengefährten bereits in der Frühzeit damit anfingen, Aussprüche und Taten des Gesandten Gottes aus Sorge um den Erhalt der Praxis aufzeichneten. Allerdings bekunden die Primärquellen auch davon, dass gerade in der Anfangsperiode der Prophet, die Verschriftlichung der Überlieferungen vorerst aus gewissen Gründen verboten hatte. Der islamische Gelehrte und Historiker Al-Chatib al-Baghdadi (gest. 1071) erläutert übereinstimmend den historischen Kontext wie folgt:

„Die Abneigung gegenüber der Verschriftlichung zu Beginn der Zeit der ersten Generation beruhte darauf, damit nichts der Schrift Allahs gleichgestellt wird bzw. damit man nicht durch die Beschäftigung mit etwas Anderem vom Qur´an abgelenkt wird".[102]

Dennoch umfasste dieses Verbot nicht alle Gefährten. Anderen Berichten zufolge, erlaubte Muhammad (s) die Niederschrift der Hadithe, wie sie aus den einschlägigen Überlieferungen ausdrücklich hervorgeht:

---

[101] Siehe hierzu: Al-Bukhari, Adan 18, Adab 27; Sunan von ad-Darimi, Salat 42.
[102] Zitiert aus: Zaidan, Amir, Uluumul-hadiith – Einführung in die Hadiith-Wissenschaft, Bd. 9, S. 129. IBIZ Wien 2010.

*„Ein Ansarit aus Medina suchte eines Tages Muhammad (s)
auf, um ihm zu sagen: Mein Gedächtnis ist schlecht, und du
sagst ständig Dinge, die man in Erinnerung behalten sollte. Ich
weiß nicht, was tun? Der Prophet erwiderte ihm: Bediene dich
deiner rechten Hand".*[103]

Des Weiteren wird dazu überliefert:

*„Ein junger Mekkaner, Abdallah ibn Amr ibn al-As, berichtet
uns: Der Prophet gab mir die Erlaubnis, alles von seinen Worten aufzuschreiben, was ich wollte; das erstaunte mich, und wir
hatten folgendes Gespräch: Kann ich alles aufschreiben, was ich
dich sagen höre? – Aber Ja! – Ohne Unterschied, ob du zufrieden oder verärgert bist? Aber natürlich, denn ich (Muhammad)
sage nur die Wahrheit, in welcher Gemütsverfassung ich auch
sein mag!"*[104]

Außerdem ermutigte kein geringerer als der Qur´an selbst, in
den Gesandten Gottes und dessen Lebensweise als ein heraus-
ragendes Vorbild hinzunehmen: *„Gehorcht Allah und Seinem
Gesandten"* (Al-Anfaal, 46). Desweiteren wurden die Gläubigen aufgefordert: *„Wenn ihr Allah liebt, dann folgt mir"* (Al-Imran, 31). Und noch konkreter heißt es dazu *„Tatsache ist, ihr
habt im Gesandten Gottes ein schönes Beispiel, für den, der auf
Allah und das Jenseits hoffte und viel an Allah dachte"* (Al-Azhab, 21).

Schließlich gesteht selbst der Islamwissenschaftler Prof. Ulrich
Rudolph ein, dass Parallel neben den Aufzeichnungen der Hadithe auch andere authentische Dokumente aus jener Zeit, bis
heute erhalten geblieben sind. Dies betrifft vor allem das Send-

---

[103] Tirmidhi, 39. Vgl. Muhammad – Prophet des Islam. Sein Leben, sein Werk,
S. 483, Patmos Verlag 2016.
[104] Ebd., S.485.

schreiben von Abu Hanifa (gest. 767) an Uthman al-Batti, wonach dieser seither übereinstimmend als authentisches Dokument gilt:

„Für seine Echtheit hatte sich bereits J. Schacht ausgesprochen, dessen Urteil inzwischen mehrfach bestätigt worden ist".[105]

Nahezu einträchtig beglaubigen Historiker und Hadithgelehrten, demzufolge erst durch die Intention des umayyadischen Kalifen Umar ibn Abd al-Aziz (717-720) die Niederschrift der Hadithe erstmals erfolgte. Umar beauftragte seinen engen Statthalter Abu Bakr ibn Amr ibn Hazm (gest. 737) von Medina damit, durchweg alle im Umlauf befindlichen Überlieferungen niederzuschreiben, da mit fortgeschrittener Zeit zu befürchten war, dass nach dem Ableben der Hadithgelehrten die Überlieferungen durch die alleinige Bewahrung in ihrem Gedächtnis, ein für allemal mit ihrem Tod verloren gehen würden. Gleichzeitig ermahnte der Kalif seinen Statthalter nachdringlich mit dem Satz dazu auf:

„Achte bei der Niederschrift explizit darauf, dass Du nur ausschließlich die Hadithe vom Propheten niederschreibst!".[106]

Andererseits besteht heute auch kein Zweifel darin, in der Person az-Zuhri (gest. 742) als den ersten anzusehen, der die Hadithe mit Isnad (Überlieferkette) versehen hatte.

---

[105] Al-Maturidi und die Sunnitische Theologie in Samarkand, S. 32, E.J. Brill, Leiden, The Netherlands 1997.

[106] Al- Bukhari, Ilm, 34. al-Dschāmiʿ as-sahīh, Ausgabe Istanbul 1315.

Tatsächlich hatten die Hadithgelehrten den Isnad[107] als das wichtigste Kriterium erachtet, um präventiv gegen jegliche Hadith-Fälschungen anzugehen. Abdullah ibn al-Mubarak (gest. 797) bemerkte bereits in der Frühzeit obendrein den enormen Wert und die Notwendigkeit des Isnades mit der Feststellung:

> *„Der Isnad ist ein Teil der Religion. Gäbe es den Isnad nicht, könnte jeder sagen, was er wollte".[108]*

Der Isnad könnte im Vergleich ohne übertreiben zu wollen, als die *„Fußnote"* der Moderne charakterisiert werden, die unter anderem so dargestellt werden kann: Al Bukhari hörte es von X, dieser es von Y, und Y es wiederum von Z, der ein Augenzeuge des Ereignisses war.[109]

Folglich können die ältesten Hadithkompilationen der Sunniten, die unablässig bis zur Gegenwart tradiert wurden, folgendermaßen aufgelistet werden:

(Aufgeführt auf nachfolgender Seite)

---

[107] Siehe zu den Aspekten des Isnades: Motzki, Harald, Wie glaubwürdig sind die Hadithe? Die klassische islamische Hadith-Kritik im Licht moderner Wissenschaft, S. 4, Springer VS 2014.

[108] Sezgin, M. Fuad: Buhari´nin Kaynaklari. Ankara: Kitabiyat, 2001.

[109] Vgl. Silverstein, Adam, Islamische Geschichte, S. 116-121, Philipp Reclam, 2012.

1. Malik ibn Anas (gest. 795), Al-Muwatta

2. Abdurrazzaq ibn Hammam (gest. 829), Al-Musannaf

3. Ahmad ibn Hanbal (gest. 855), Al-Musnad

4. Ad-Darimi (gest. 868), Sunnan Darimi

5. Al-Bukhari (gest. 870), Al-Dschami'as-sahih
    (Die Sammlung der Wahren bzw. Gesunden)

6. Imam Muslim (gest. 875), Al-Dschami´as-sahih

7. Ibn Madscha (gest. 886), Sunan ibn Madscha

8. Abu Dawud (gest. 888), Kitab as-sunan

9. At-Tirmidhi (ges. 892), Dschami´at-Tirmidh[110]

Glücklicherweise ist uns eine noch ältere schriftliche Aufzeichnung erhalten geblieben, die auf den Schüler von Abu
Hurairah (gest. 678) zurückgeht. Die Rede ist von Hammam
ibn Munabbih (gest. 719) und dessen Werk „*As-Sahifah-sa-
hihah*" (das makellose Schriftblatt), worunter 138 Berichte
direkt von Abu Hurairah ausgewählt und diktiert wurden.[111]
Dieses vorhandene Werk verdeutlicht in aller Regel den Beweis dafür, dass unmittelbare Niederschriften der Hadithe bereits in der ersten Generation der Muslime zugegen waren.[112]

---

[110] Die Liste kann indes weiter fortgeführt werden. Siehe hierzu ausführlicher:
Klassische islamische Literaturkunde und Gelehrtenbiographien, S. 27-63,
Veröffentlich von DIdI e.V., 2., verbesserte Auflage 2007.

[111] Das Werk ist von Prof. Dr. Muhammad Hamidullah ediert und 1953 veröffent-
licht worden. Vgl. Muhtasar Hadis Tarihi ve Sahife-i Hemmam ibn
Münebbih, Beyan Yayinlari 2007.

[112] Vgl. Prophet des Islam. Sein Leben, sein Werk, S. 485-86, Patmos Verlag 2016.

Dessen ungeachtet konnten zugegebenermaßen nicht alle Hadith-Fälschungen entlarvt werden, weil in nicht wenigen Fällen oft fromme, bzw. politische oder theologische Richtungen diverse Überlieferungen als Instrumentarium für ihre eigene Sichtweise zu favorisieren suchten.[113] Um präventiv gegen vermeintliche Fälschungen vorzugehen, wurden insbesondere zwei verschiedene Kategorien entwickelt, bei dessen Beachtung die Richtigkeit einer Überlieferung zu erschließen war:

— Der Inhalt (arab. matn)

— Der Isnad (Überliefererkette)

Zusätzlich gelten allgemein folgende Kriterien, um einen authentischen Hadith zu beglaubigen:

— Keinesfalls darf es dem Buch Gottes widersprechen

— Noch darf es der Vernunft widersprechen

— Es darf keine abwegigen Ausdrücke enthalten, welche unmöglich entgegen der ethischen Prinzipien auf das Leben des Propheten zurückgeführt werden kann[114]

---

[113] Vgl. Hofmann, Murad, Islam, S. 54, Patmos Verlag, zweite Auflage 2001.

[114] Unmittelbar nach dem Ableben des Propheten wurde seine Biographie, einschließlich der Geschichten über seine Gefährten schriftlich aufgezeichnet. Zu den bekanntesten historischen Berichten gehören ganz gewiss die Werke von: 1. Das Korpus von Urwa b. az-Zubair (gest. 712). 2. Kitabu'l al-Magazi (Buch der Feldzüge) von Az- Zuhri (gest. 742). 3. As-Sira An-Nabawiya (Das Leben des Propheten) von Ibn Ishaq (704-767). 4. Kitab at-tabaqat al-kabir (Das große Klassenbuch) von Ibn Sa´d (784-845)

In der Tat wurde in der Geschichte der Spätantike über keine Persönlichkeit so ausführlich und umfangreich berichtet worden, wie über den Propheten des Islam. Sheikh Osman Nuri Topbas bemerkt deshalb zu Recht an:

„In der gesamten Geschichte der Menschheit findet sich keine andere Persönlichkeit neben Muhammad al-Mustafa, deren jede einzelne, spezifische Charaktereigenschaft so viel Interesse erfahren hat und von der jedes kleinste Detail der Lebensführung mit derartiger Genauigkeit aufgezeichnet wurde".[115]

---

[115] Zitiert aus: Das Vorbild ohnegleichen- Muhammad al-Mustafa, S. 53, Erkam Verlag, Istanbul 2010.

Der Qur' ān als Diskurs im historischen Kontext

Baycan Yanar

*Nicht der Qur' ān spricht, es sind die Menschen,
die ihn sprechen lassen" (Ali ibn Abu Talib)*

Einleitung

Im 15. Jahrhundert fand die Einführung in die Qur' ānwissenschaftliche Methodologie ihren Höhepunkt durch den bedeutenden Exegeten, Hadith- und Rechtsgelehrten as-Suyūtī (1445-1505) in seinem berühmten Werk *„al-Itqān fī'ulūm al-qur'ān" (Die Enzyklopädie der Qur' ānwissenschaften)*, die in über 80 Kapiteln die verschiedenen Einzeldisziplinen, die sich mit dem Qur' ān befassen, reichhaltig vorstellt. Ergänzend hierzu existiert ein weiteres Werk von ihm mit dem Titel *„Asbab an-Nuzul"* (Anlässe der Offenbarung), was sich ebenfalls symptomatisch mit dieser Methodik umfassend beschäftigt. Dank dieser eindrucksvollen Bemühungen hat sich diese Form der Auslegung in der islamischen Theologie als Bestandteil strukturieren können.

Weshalb es notwendig ist, den Qur' ān im historischen Kontext zu verstehen

Die Annahme, der Qur' ān könnte ohne Berücksichtigung seines Kontextes und die grundlegenden Überlieferungen verstanden werden, muss dahingehend abgelehnt werden. Die Offenbarungsperiode innerhalb von 23 Jahren spiegelt nämlich das wieder, was damals im 7. Jahrhundert geschah. Muslimischerseits ist das bedeutendste Beispiel für eine historische Lesart, die Ansicht des 1988 verstorbenen Islamwissenschaftlers Fazlur Rahman aus Pakistan gewesen. So wird er in zahlreichen Werken wie auch von Rachid Benzine wie folgt zitiert:

„Fazlur Rahman war der Meinung, dass es für das Verstehen des Korans zweckmäßig sei, ihn zuerst bezogen auf seinen chronologischen Kontext zu betrachten. „Die sinnvollste Methode", wiederholte er oft, „besteht darin, die Entstehung und Entwicklung der koranischen Themen in ihrem historischen Verlauf zu verfolgen." Diese Sichtweise stützte er auf die Tatsache, dass die frühen Kommentare die Umstände der Offenbarung bewahrt haben, die zeigen, dass der Koran kontinuierlich in Antwort auf bestimmte historische Situationen Sichtweise offenbart wurde".[1]

Um den Qur' ān zu verstehen, müsse man ihn im Kontext der Zeit seiner Verkündung verstehen. Somit ist es von großer Wichtigkeit, zum Qur' ān und den Offenbarungsanlässen zurückzukehren, um die allgemein gültigen ethischen Prinzipien zu destillieren – mit anderen Worten – um den Qur' ān und seine Essenz in die heutige Zeit zu übertragen, sollte man die historischen Fakten eingehend analysieren. Die theologische Strömung in Ankara (bekannt unter dem Namen: Ankarana Schule) verwendet besonders diese Methodik der historischen Analyse des Qur' āns, von denen wir einige Beispiele nachfolgend illustrieren werden. Prof. Ömer Özsoy studierte in Ankara islamische Theologie und ist derzeit in der Frankfurter Universität eine aktive Lehrkraft. Zu dem Thema positioniert er sich eindeutig.

---

[1] Islam und Moderne, die Neuen Denker S. 119, Verlag der Weltreligionen.

Durch das Ignorieren des Kontextes, entgegnet er im Buch von Felix Körner sich äußerst kritisch dazu, aus der wir ein Zitat besonders hervorheben möchten:

„Eine solche Auslegungsentwicklung widerspricht den historischen Fakten. Mit einem derartigen Ansatz kann man den Koran alles Mögliche sagen lassen. Fängt man einmal an, den Koran als übergeschichtlichen Text zu lesen, führt das zwangsläufig dazu, ihn über jeden möglichen Gegenstand sprechen zu lassen; und das ist nichts anderes als Entstellung".[2]

Der Theologe Prof. Mustafa Öztürk ebenfalls aus Ankara, der für seine Kritik an die Gegenpositionen in seinen Büchern einen Namen gemacht hat, kann keinesfalls übersehen werden. So bezieht er sich zum Exegeten Hakkı Yılmaz[3] der behauptet, dass ein Qur' ánvers sich auf die heutigen Computer bezieht.[4] Auch der moderne und rationalorientierte Theologe Prof. Yasar Nuri Öztürk (gest. 2016), näherte sich methodologisch auf dieselbe Art wie Yilmaz, in dem er den Vers 26 der Sure 74 aus dem Kontext riss und behauptete, dass sich dies auf die heutigen Computern bezieht.[5]

Zu Yasar Nuri Öztürk sei jedoch berechtigterweise anzumerken, dass er keinesfalls die historische Analyse des Qur' ān's vernachlässigte. Im Gegenteil. In seinen Zahlreichen Büchern griff er unübersehbar häufig auf die Offenbarungsanlässe und Überlieferungen zurück. Um die ursprüngliche Bedeutung

---

[2] „Erneuerungsprobleme zeitgenössischer Muslime und der Koran" übersetzt von Felix Körner „Alter Text – neuer Kontext; Koranhermeneutik in der Türkei heute" S. 21-23; Herder Verlag.
[3] Hakki Yilmaz – Tebyinu'l-Kur'an 1/112, 163, 171-172; 9/669-672.
[4] Meal ve Tefsir Serencamı S. 123.
[5] Kur'andaki İslam, Der Islam im Qur' ān; S. 20; Auflage 42.

von Qurʾānstellen festzustellen, sollen nachfolgende Beispiele vorwiegend dargelegt werden, weil sich jede Qurʾānstelle auf Geschichte und Ereignisse bezieht.

Besonders bei dem Thema der Gebetsrichtung ist es unverkennbar, welche Missverständnisse auftreten, wenn die Geschichtliche Situation außer Acht gelassen wird. Demzufolge heißt es in 2:115: „Gottes ist der Osten und der Westen. Wo immer ihr euch hinwendet, ist Gott gegenwärtig. Gott ist allumfassend und allwissend". Laut dem Vers könnte man dahingehend zu der Ansicht gelangen, dass es irrelevant sei, in welche Richtung man betet. Berücksichtigt man jedoch den Offenbarungsanlass des Verses, erkennt man unzweideutig, dass es sich um eine Gruppe handelte, die in der Nacht beten wollten, jedoch nicht wussten in welche Richtung sie sich wenden sollten. Hier kann man unmissverständlich die oben angeführte Regel ohne Weiteres verallgemeinern, sodass jeder, der irrtümlicherweise in die falsche Richtung betet, entschuldigt.

Einige Beispiele aus dem Qurʾān wollen wir jedoch als Beweis noch anführen, welches ohne eine Kontextualisierung enorme Probleme bereiten würde. So heißt es in 9:31:

„Sie nahmen ihre Schriftgelehrten und ihre Mönche zu Göttern anstelle von Gott, sowie den Messias, den Sohn Marias. Ihnen war doch nur geboten worden, einem Gott zu dienen[...]".[6]

Der Prophet Muhammad war hiernach den Qurʾānexegeten zufolge durch gravierende Unstimmigkeiten dazu angehalten, diesen Vers zu erläutern:

---

[6] Vgl. auch 3:64.

„Die Juden und Christen haben ihre Gelehrten und Mön-
che nicht direkt angebetet, vielmehr haben sie sich das
erlaubt, was ihre Gelehrten ihnen erlaubt haben und sich das
verboten, was ihre Gelehrten ihnen verboten haben".[7]

Diese qur'ānische Kritik richtet sich an einige Juden und
Christen, die ihre Gelehrten unhinterfragt gehorcht hatten.
Differenziert man überzeitlich die Essenz aus dem Kontext, so
sind heute damit nicht nur die Schriftbesitzer angesprochen,
sondern vor allem auch die heutigen Muslime.

In Anlehnung einer historisch-kritischen Methode[8] ist es
zweifellos obligatorisch, über die Kenntnisse der arabischen
Kultur und Tradition im 7. Jahrhundert zu verfügen, da nur

---

[7] At-Tirmidhī Hadith Nr. 3039; Taberi Tefsir 4/283, Hisar Verlag; Kurtubi
Tefsir 8/198, Buruc Verlag; Ibn Kesir Tefsir 4/438, Kahraman Verlag.

[8] Folgende Methoden sind in der Deutung des Qur'ān's maßgebend zu achten:
-Berücksichtigung der unterschiedlichen Lesarten.-Analyse des historischen
Kontexts.
-Die Zusammensetzung zwischen mekkanischen und medinensischen,
zwischen dem, was in Mekka geoffenbart, jedoch ein medinensischer Urteil ist,
wiederum in Medina geoffenbart, jedoch mekkanische Urteile beinhaltet, das
Volk in Medina thematisiert, jedoch in Mekka geoffenbart wurde, die Mek
kaner thematisiert jedoch in Medina geoffenbart wurde, in Mekka geoffenbart wurde, jedoch den medinensischen Versen ähneln, in Medina geoffenbart,
jedoch den mekkanischen Versen ähneln, welche, die in unterschiedlichen
Gebieten Medinas geoffenbart wurden, welche, die am Tag und in der Nacht
geoffenbart wurden, welche, die in Begleitung der Engeln geoffenbart wurden,
oder wärend er alleine war, die medinensischen Verse in mekkanischen Suren,
die mekkanischen Verse in medinensischen Suren zu differenzieren versucht.
-Das Heranziehen der Hadith-Literatur.
-Die inhaltlich untereinander aufhebenden Qur'ānverse (an-nasikh).
-Die Zusammenhänge und erläuternden Verse in Verbindung zueinander.
-Terminologisch/philologische Analyse.
-Das Unterscheiden zwischen mehrdeutigen, eindeutigen und metaphorischen
Verse.
-Das Heranziehen der psychologischen, sozio kulturellen, ökonomischen,
politischen und gesellschaftlichen Aspekte.

eine Kontextualisierung freilich nicht genügsam ausreichen kann. So ist z. B. in Sure 2, Vers 196 die Rede, die Pilgerfahrt zu vervollständigen, statt sie zu vollziehen. Der Exegesenliteratur zufolge praktizierten demnach die Araber der vorislamischen Zeit ebenfalls die Pilgerfahrt, worin sie einige Rituale weggelassen hatten.[9]

Ein weiterer Punkt betrifft die Schutzmonate,[10] welches in Kriegszuständen verbietet zu kämpfen. Für die Qurʿāniyya, die die Hadithe und den Kontext bewusst außer Acht lassen (weil der Offenbarungsanlass ebenfalls an Überlieferungen gebunden ist), könnte es schwierig werden herauszufinden, um welche Schutzmonate es sich dabei handeln könnte. Diese stehen nämlich nicht im Qurʿān. Laut Abū Dschaʿfar Muhammad ibn Dscharīr at-Tabarī (gest. 923) waren diese in der vorislamischen Zeit der Dschahiliyya bereits bekannt gewesen, da die Araber generell in solchen Zeiten keine Kriege führten.[11]

Als Qurʿaniyya (türk. Kurʾancilik) werden diejenigen bezeichnet, die außerhalb des Qurʿānʿs existierenden Schriftquellen für ungültig erklären und den Qurʿān als einzig zulässiges Fundament für ausreichend deklarieren.

Wenn der Qurʿān die Angabe macht, dass die Juden Esra (Uzayr) als Sohn Gottes bezeichnen, könnte man meinen, dass die Juden heute noch daran glauben. Die meisten Juden die man heute danach befragen würde, so würde die überwiegende Mehrheit diese Behauptung bestreiten wollen, da ein

---

[9] Şâtibî, el-Muvafakât, II. 387-388. Vgl. auch Süleyman Ateş, Kurʾan Ansiklopedisi, 15/ 497-503.

[10] Zilkâde, Zilhicce, Muharrem, Receb.

[11] At-Tabarî, Dschâmiʿ al-bayân ʿan taʿwīl āy al-Qurʾān, 4/292, Hisar Yayinevi [türk. Ausgabe].

derartiger Glaube in der jüdischen Theologie gar keine Rolle spielt. Dies gibt uns nur zu erkennen, dass es innerhalb dieser Religion zu bestimmten Epochen und an gewissen Orten unterschiedliche theologische Ansichten gab. Im Tafsīr von Tabarī (gest. 923) wird ebenfalls erwähnt, dass es sich nur um eine kleine Gruppe der Juden handelte.[12]

Dieselbe methodologische Herangehensweise, die Qurʾānverse aus dem jeweiligen Kontext zu entstellen, sieht man auch bei den radikal islamischen Salafisten. Diese entnehmen Passagen, die die Kriegszustände erläutern um den Heiligen Krieg zu rechtfertigen. Dr. Murad Wilfried Hofmanns Position für dieses Fehlverhalten ist in seinem Buch *„Der Islam als Alternative"* nicht zu übersehen:

> *„Diese Methode, einzelne Koranverse ohne Rücksicht auf ihren Zusammenhang und ihre Offenbarungsgeschichte herauszulösen, um so eine islamische Pflicht zum Angriffskrieg zu beweisen, mutet so an, als würde man aus dem Jesus – Zitat „Ich bin nicht gekommen, um Frieden zu bringen, sondern das Schwert" (Math. 10,34) die Kriegslüsternheit des Christentums herleiten".[13]*

Dennoch wird es immer nötig sein, den Qurʾān und die authentische Prophetentradition vor dem Hintergrund des Kontextes, in dem sie entstanden sind, zu analysieren und zu interpretieren. Die Botschaft des Islams hätte also keinerlei Wirkung gehabt, wenn sie die Menschen, die sie zuerst empfingen, nicht hätten verstehen können. Und auch sie müssen diese Botschaft in ihrem sozialen und politischen Kontext verstanden

---

[12] Taberi Tefsir 4/282 und Mehmet Paçacı; Der Koran und ich – wie geschichtlich sind wir? Übersetzt von Felix Körner „Alter Text – neuer Kontext; Koranhermeneutik in der Türkei heute" S. 41-43; Herder Verlag.
[13] Der Islam als Alternative S. 192.

haben, und durch ihr Verständnis und dessen Umsetzung veränderte sich ihre Gesellschaft. Während der Text also historisch, obgleich in seinem Ursprung göttlich ist, ist seine Interpretation absolut menschlich.[14]

Eine unausweichliche Differenzierung zwischen Interpretation und Erläuterung wird prägnant von dem Gründer der Glaubensgrundlagen (aqīda) im sunnitischen Islam Abū Mansūr al-Māturīdī (gest. 941) vorgeführt, mit den Worten:

> *„Die Aufgabe der ersten Adressaten des Qurʾānʾs bestand darin, die Schrift zu erläutern (Tafsīr). Unsere Aufgabe besteht jedoch darin, sie zu interpretieren (Taʾwīl)".*[15]

Die Gefährten des Propheten, die nicht auf eine hypothetische Meinung angewiesen waren, spielten in der Exegese eine besondere Rolle. Sie waren selbst Augenzeugen der Offenbarung und somit der historischen Ereignisse gewesen und konnten deshalb als Zeitzeugen die Offenbarung aus erster Hand erfahren.[16] Als grundlegender Bestandteil der historisch-kritischen Analyse ist es unumgänglich zu unterscheiden, zwischen früh/spät mekkanischen/medinensischen Verse, oder jene, die innerhalb und außerhalb der Verteidigungskriege, in Reisen, am Tag, in der Nacht, im Schlaf oder im Wachzustand herabgesandt wurden.[17]

---

[14] Nasr Hamid Abu Zaid; Gottes Menschenwort S. 89-90.

[15] Abū Mansūr al-Māturīdī, Teʾvîlâtuʾl Kurʾan & Kitâbuʾt-Tevhîd, S.31. [türk. Ausgabe].

[16] Mahmut Demir – Hadis ve Ideoloji [dt. Hadith und Ideologie] S. 60, Otto yayinlari 2015.

[17] Ebûʾl-Kâsım el-Hasan b. Muhammad b. Habîbiʾn-Nîsâbûri, „Kitabʾut-Tenbîh alâ Fadli Ulûmiʾl-Kurʾan", Suyûti, el- İtkan, S. 1.

Der Qur' ān als Diskurs

(„Siehe, es ist ein wahrhaft edler Diskurs", Qur' ān 56:77.) [18]

Im traditionellen Islamverständnis wird der Qur' ān in Bezug zum Vers 22 der Sure 85 als eine Art Wohlverwahrte Tafel charakterisiert. Die heute im sunnitischen Islam vorherrschende Theologie ist die hanbalitische, der auf der Vorstellung basiert, dass der Qur' ān das Ewige und unerschaffene Wort Gottes sei. Dieser fatalistischen Doktrin zufolge, konzipiert der gesamte Inhalt des Offenbarungstextes eine Art der Prädestination dar. Eine rationalistisch ausgerichtete Schule wie die der Mutazila, die im 8. bis 9. Jahrhundert sehr einflussreich war, vertrat hingegen die Meinung, dass der Qur' ān zeitlich und erschaffen sei, da er nicht zu den Attributen des ewigen göttlichen Wesens gehören kann. Diese Konfrontation zwischen den beiden Denkschulen, schlug einen Kurs der Apologetik ein, die die islamische Theologie bis in die Gegenwart stark beeinträchtigt hat.

Eine Vielzahl von Beispielen, in denen der Qur' ān als geschichtliche Rede aufgefasst wird, können wir in qur' ānwissenschaftlichen Werken wie die von el-Suyûtî in *„el-Itqân"* entnehmen. So werden Ereignisabfolge primär aus Zusammenhängen von Ursache und Wirkung, Fragen und Antworten gebildet. Der Grund für die schrittweise Einführung einer Regelung im Qur' ān verwies man auf das Alkoholverbot, das mit Rücksicht auf die tief verankerte Alkoholisierung der Gesellschaft in vier Schritten eingeführt wurde:

---

[18] Zitiert aus: Muhammad Asad , Die Botschaft des Koran.

„*Der Vers 219 der Sure al-Baqara thematisiert zum ersten-mal das Alkohol: [Sie fragen dich nach berauschendem Trunk und Glücksspiel. Sag: In ihnen (beiden) liegt große Sünde und Nutzen für die Menschen]. Hiernach wollten einige von dem „Nutzen" gebrauch machen, woraufhin der Prophet schwieg und die Sure 4:43 offenbart wurde [O die ihr glaubt, nähert euch nicht dem Gebet, während ihr trunken seid, bis ihr wisst, was ihr sagt..]. Daraufhin machten einige den Vorschlag, weit außerhalb der Gebetszeiten zu trinken und abschließend als endgültiges Verbot die Sure 5:90 offenbart wurde [O die ihr glaubt, berauschender Trank, Glücksspiel, Opfersteine und Los-pfeile sind nur ein Gräuel vom Werk des Satans. So meidet ihn, auf daß es euch wohl ergehen möge!].*"[19]

Die Grundlage für das Verständnis des Qurʿāns als Diskurs im historischen Kontext liegt anhand der ausgewählten Beispiele primär darin, den Qurʾān als ein in der Zeit erschaffener Text zu verstehen. Die Rede Gottes als Wesensattribut zu beschrei-ben, würde bedeuten, dass der göttliche Sprecher in die Leere gesprochen hat, da Er ohne die Existenz eines Angesproche-nen gesprochen hätte.[20]

---

[19] El-Suyûtî, el-itkân fî ûlûmî'l Kur'an, S.52, Madve Yayinları.
[20] Mustafa Öztürk, Kur'an'ı kendi Tarihinde Okumak – Tefsirde Anakronizme Ret Yazılar, S. 16, Anakara Okulu Yayınları.

79

Die Doktrin der Abrogation (An Nasikh/al Mansukh)

Zur Methodologie der Kontextualisierung wurde entsprechenderweise durch die islamischen Gelehrten ab dem 8. Jahrhundert die Doktrin der Abrogation und Derogation entwickelt. Hiernach werden einzelne Qurʿ ānverse nicht der Form nach, aber inhaltlich untereinander aufgehoben, weil man davon ausging, dass der Qurʿ ān scheinbar Widersprüche enthält. Ein Grundlegender Qurʿ ānvers hierzu lautet:

> *„Was Wir auch an Versen aufheben oder in Vergessenheit fallen lassen, Wir bringen bessere oder gleichwertige dafür" (al Baqara, 106).*

Im Zuge dessen ist die scharfe Kritik einiger modernen Exegeten nicht zu übersehen, wie die von Muhammad Asad:

> *„Es sei eine Gott beleidigende Vorstellung zu glauben, dass Er sich innerhalb kürzester Zeit verbessern müsse. Der Prophet habe nie von Derogation gesprochen. Es sei alle sich widersprechenden Verse mit etwas Einfallsreichtum miteinander zu versöhnen. Die Doktrin widerlege sich durch ihre willkürliche Praxis selbst. Soweit der Koran von Aufhebung von Versen und ihrer Ersetzung durch neue spreche, beziehe er sich auf das Verhältnis des Korans als Ganzem zur Bibel: Die spätere koranische Offenbarung ersetze die frühere biblische, wie zum Beispiel hinsichtlich der Bestrafung von Unzucht".[21]*

Der Theologe Mustafa Öztürk aus Ankara verbindet indoktrinär die historische Lokalisierung einzelner Qurʿ ānverse mit

---

[21] Hofmann, Murad, „Koran Einführung" S. 34. Vgl. auch Muhammad Asad, die Botschaft des Korans, S. 51-52. Vgl. auch Mustafa Islamoğlu, Kur'an'ı Anlama Yöntemi, S. 304-308, Düşün Yayıncılık.

der Abrogationsdoktrin, indem er ungerechtfertigterweise die Ablehnung dieser Methode als unwissenschaftlich bezeichnet und diese als Opposition zum Qur'ān stellt. Sein Argumentationsmuster konstatiert sich dahingehend, dass er darin die Konsens (i'gmā') der Gelehrten unkritisch unterstreicht, einen Universalitätsanspruch der Wissenschaftstradition klassischer Exegeten imponiert, und sie gänzlich für ausschlaggebend hinstellt.[22] Hierbei lässt sich unweigerlich eine induktive Lesart feststellen, welches einer blinden Nachahmung (taqlīd) der Schriftquellen gleicht. Der Ansatz, frühere Gelehrten als unantastbare Autorität zu plädieren wird jedoch unzweideutig vom Qur'ān prinzipiell negiert:

> *[Und wenn man zu ihnen sagt: „Folgt dem, was Gott herabgesandt hat", sagen sie: „Nein! Vielmehr folgen wir dem, worin wir unsere Väter vorgefunden haben"] 2:170.*

Der Bekannteste historische Exeget, der die Abrogationsdoktrin strikt abgelehnt hatte, war zweifellos Abu Muslim el-Isfahani (gest. 934) gewesen.[23] Diese Ansicht wird von Öztürk relativiert, wobei er sich hierzu an eine spätere Quelle aus dem 14. Jh. bedient.[24]

Dieses willkürliche Verfahren erklärt auch, weshalb es keine Konsens unter den Vertretern dieser Doktrin darüber gab, welcher und wie viele Qur'ānverse allgemein davon betroffen waren. Kadi ibn al-Arabi (gest. 1148) vertrat indessen die

---

[22] 3. Ausgabe der Frankfurter Zeitschrift für islamisch-theologische Studien; Universalität und Universalismus im Islam, S. 48-49, EB-Verlag Dr. Brandt, Berlin 2016.

[23] Fachr ad-Dīn ar-Rāzī (gest. 1209), Mafatih al-ghayb 3/306-309, Huzur Yayınevi.

[24] Tağ ad-Din as-Subkī (gest. 1369).

These, dass der Vers 5, der Sure at-Tauba über 114 Verse abrogiert haben soll.[25] Hierbei handelt es sich um den sogenannten Schwertvers', was die Qur' ānstellen aufgehoben haben soll, die den Frieden thematisieren. Ungeachtet dessen wäre es dieser Methodenlehre zufolge durchaus gerechtfertigt, Gewalt im Namen dieser Religion auszuüben. Manche gingen sogar soweit, in dem sie diese Methode nicht nur im Verhältnis der Qur' ānverse untereinander, sondern auch von der als mutawātir kategorisierten Sunna (Aussprüche und Handlung des Propheten) abrogiert wurden wie beispielsweise von dem Rechtsgelehrten Muhammad ibn Idrīs asch-Schāfi´ī (gest. 820).[26]

Hierbei sollte sich jedoch unweigerlich die Frage stellen, weshalb die abrogierten Qur' ānverse dennoch im Qur' ān stehen? Und wenn sie noch drin stehen, weshalb sie dann nicht mehr verbindlich sind?

Die Befürworter dieser Doktrin sind durch folgenden Qur' ānvers demonstrativ dazu angeregt gewesen, die Methodenlehre der Abrogation in der Fiqh Literatur (Rechtsfindung) als einen festen Bestandteil zu projizieren, wo es darin heißt;

> *„O die ihr glaubt! Entweihet nicht die Zeichen Allahs, noch den Heiligen Monat, noch die Opfertiere, noch (die mit) Halsschmuck, noch auch die nach dem Heiligen Hause Ziehenden, die da Gnade und Wohlgefallen von ihrem Herrn suchen.“*

Qur' ān Vers 2, Surah al-Ma'idah. Dieses Beispiel für die Begründung dieser Methodik lässt sich in der Hadithliteratur mit der Überlieferung bestätigen, dass Ali ibn Abu Talib nach der

---

[25] Kadi ibnu'l Arabi, Ahkamu'l-Kur'an, Bayrut I, 102.
[26] Ar-Risâla, S. 67-69, Diyanet Vakfı Yayınları & Mâturîdî [Mâtürîdî ve Mâtürîdîlik, S. 370, OTTO Yayınlar] & Serahsî, Usûl 1/ 32.

Offenbarung von 9:28 von dem Propheten beauftragt wurde, den mekkanischen Heiden die Nachricht zu übermitteln, dass sie von nun an die Pilgerfahrt zu unterlassen haben.[27]

Der islamischen Fachliteratur zufolge behandelt diese Qur' änstelle die mekkanischen Heiden, welche sich zur selben Zeit in der Pilgerfahrt befanden bzw. die Kaaba im nackten Zustand umrundeten.[28] Ohne, dass auf dieses Thema detailliert eingegangen wird, könnte man daraus schlussfolgern, dass diese Aufforderung eine zeitlose Gültigkeit besitzt, wenn andere Qur' änstellen und die hierfür grundlegenden Überlieferungen ausnahmslos missachtet werden. Zweifellos ist es den klassischen wie auch den modernen Exegeten zufolge unumgänglich gewesen, den Vers in die Historizität zu verorten und zu der Theorie zu gelangen, dass der Vers ihrer Doktrin nach durch die Qur'anstelle [9:28][29] inhaltlich aufgehoben (derogiert) worden ist.[30]

Hierbei sei jedoch anzumerken, dass dieser Angelegenheit betreffend unterschiedliche Sichtweisen unter den Gelehrten darüber existieren, ob es sich dabei tatsächlich um das Verhältnis der Abrogation handelt. Objektiv lässt sich nach dem äußeren Wortlaut betrachtend zwar dieser Ansatz bestätigen, nach dem inneren Wortlaut hingegen, wenn man genauer hinschaut, es sich um eine Vereinbarung handelt, welches vom Propheten Muhammad vorher ausgehändigt wurde. Angesichts des

---

[27] Siyer-i Ibn-i Ishak, S. 154

[28] Siehe hierzu Abū Mansūr al-Māturīdī, Te'vîlâtu'l Kur'an und die Kommentierung zu 5:2; Sunen Dârimî 74 BAB, Nr. 1925; Tirmidhî Nr. 3092; Ibn Hanbel, el-Müsned, 1, 77 Nr. 594

[29] „O die ihr glaubt! wahrlich, die Götzendiener sind unrein. Drum sollen sie nach diesem ihrem Jahr sich der Heiligen Moschee nicht nähern".

[30] Kurtubi, el-Câmiu li-Ahkami'l Kur'an 6/ 18,25, Buruc Yayinlari; Muhammad Abduh, Tefsiru'l Menar 6/168-170, Ekin Yayinlari.

großen Historiker und Qurʿ āngelehrten Hasan al-Basrī (gest. 728) handelte es sich hierbei um eine für einen gewissen Zeitraum geregelten Abmachung, wonach der Qurʿ ān diejenigen darauf aufmerksam macht, die den Verstoß gegen die Abmachungen beabsichtigt hatten, sich an den Vertrag zu halten.[31] Nach dem ablaufen dieser Frist[32] werden die Muslime im Qurʿ ān [9:28] ausdrücklich daran erinnert, die Gebetsstätte rein zu halten.

Der Mythologische Charakter des Qurʿ āns

Eine nicht außergewöhnlich, besonders im Kreise der Orientalisten verbreitete These, ist die Behauptung, dass der Qurʿ ān mythologische Charakter enthalte.

Ohne Zweifel wandte der Qurʿ ān sich an eine Gesellschaft, die einerseits aus psychologischem Aspekt her betrachtet eine niedrige Kapazität an Gottesvorstellung besaßen, andererseits mit äußerst tiefen und komplexen Fragestellungen konfrontiert waren und dass Er deshalb eine archaische und mythologische Sprache zur Anwendung brachte. Als Fokus sei hier der Interpretationsansatz der anthropomorphen Charakterzüge (z. B. hören, sitzen, sehen etc.) Gottes gesetzt, die in einigen Qurʿ ānversen zugesprochen werden, als Bilder und Begriffe zu charakterisieren und diese letzten Endes als metaphorisch zu interpretieren. Die Wurzel dieser Methode ist bis zu der rational orientierten Denkschule der Mutazila im 9. Jahrhundert zurückzuführen. Hierbei sei jedoch anzumerken, dass bei

---

[31] Tuncer Namlı, Kur'an Aydınlığı [Kronolojik Kur'an Meali] S.1145; 1. Baskı, Fecr Yayınları.

[32] Hierbei handelt es sich um die Schutzmonate (siehe Fußnote 10).

dem Prozess der Entmythologisierung es sich m. E. um einen unzuverlässigen Charakter entwickelt hat, nämlich, irrationale Anekdoten im Qurʿ ān realhistorisch in Frage zu stellen.[33] Die daraus resultierende Interpretationsweise bestand primär darin, dass beim Vermitteln der Ethik viele Ereignisse und Erzählungen im Qurʿ ān unausweichlich eine Form der Abstraktion angenommen hat, die durch die Methode der historisch kritischen Herangehensweise entstanden ist, welches widerrum sich erst im 20. Jahrhundert durch den Literaten Muhammad Ahmad Halafallāh (1916-1997) entwickelte.[34] Als Grundlegendes Element für die These wird von Mustafa Öztürk der Versuch angeführt, in Anlehnung des Orientalisten Rudi Paret (gest. 1983) eine anachronistische Verbindung der alttestamentarischen Propheten mit der Zeit des Propheten Muhammad herzustellen.

Um die Methodologie der realhistorisch in Frage gestellten Erzählungen zu bekräftigen, wird dabei der Annäherungsversuch übernommen, dass die Götzen *„Wadd, Suwa, Yagut, Ya'uq und Nasr"*, die im Qurʿ ān dem Stamm Noahs zugeschrieben werden[35], zur Zeit des Propheten Muhammad verehrt wurden.[36]

---

[33] Mustafa Öztürk, Kıssaların Dili, Ankara Yayinları; Hayri Kırbaşoğlu, Metot Sorunu S. 327, OTTO Yayinları.

[34] Siehe hierzu Prof. Dr. Ecevit Polat, Der Islam im Umbruch zwischen Tradition und Moderne [Eine theologisch-kritische Auseinandersetzung mit einer Weltreligion] S. 152-154, Bloggingbooks Verlag. Siehe auch Islamische Zeitung S. 10 „Neutralisierung aller Werte" [Anmerkungen zur Destruktivität moderner Ideologien] November 2016.

[35] Qurʿ ān 71:23 „Und sie haben gesagt: Verlasst doch nicht eure Götter; verlasst doch nicht Wadd, noch Suwa, noch Yagut Ya'uq und Nasr".

[36] Die Welt des Islams 50 (2010) S. 282-283; Documents, Über die Notwendig keit und die Methoden der Entmythologisierung des Koran.

Der Behauptung zufolge war die Intention des Qur'āns, sich durch einen historisch relativierenden Ansatz und kontinuierlich an die bereits existierenden und vertrauten Begrifflichkeiten in der Region des 7. Jahrhundert bedienend zu manifestieren, um einzig und allein nur die Botschaft zu priorisieren, die die Menschen erreichen soll. Mit einer solch wissenschaftlich fragwürdigen Methode werden einige Quellen primär außer Acht gelassen. Wie die Fünf Götternamen jedoch Mekka erreicht haben, erklärt sich beim näheren Hinsehen der Fundamente. Demnach soll Amr b. Luhay el-Huzai die Fünf Götter des Stammes Noahs aus Syrien gebracht haben.[37] Ungeachtet dessen würde man hierbei unzweideutig der Behauptung gelangen, dass der Qur'ān sich ausgiebig mit erfundenen Geschichten an die Menschheit wendet.

Gäbe es hierbei einen Unterschied zwischen den mekkanischen Heiden, die den Propheten Muhammad beschuldigten, Fabeln der alten Väter zu verbreiten?

[Surah Al-Anfāl ayah 31]
8:31 Und wenn ihnen Unsere Zeichen verlesen werden, sagen sie: „Wir haben es bereits gehört. Wenn wir wollten, könnten wir fürwahr etwas Gleichartiges sagen. Das sind nur Fabeln der Früheren."

[Surah Yūsuf ayah 111]
12:111 In ihren Geschichten ist wahrlich eine Lehre für diejenigen, die Verstand besitzen. Es ist keine Aussage, die ersonnen wird, sondern die Bestätigung dessen, was vor ihm war, und die ausführliche Darlegung aller Dinge und eine Rechtleitung und Barmherzigkeit für Leute, die glauben.

---

[37] Ibn Hischām, Sire, 1/80; Ibnü'l Kelbi, Kitabu'l Esnam, Thk. Ahmet Zeki Pasa, Ankara 1969, s. 7; Sempozyum, Kur'an öncesi Mekke Toplumu, s. 126-127.

Fazit

Ohne die Methode der historisch-kritischen Lesart, konnte mittels der aufgezeigten Beispiele nachdrücklich vorgeführt werden, dass es keineswegs möglich ist, den Qur'ān alleinstehend zu interpretieren. Folglich sollte hiernach nicht das Missverständnis auftreten, den Qur'ān in die damalige Zeit einzugrenzen zu wollen, sondern aus dem Kontext herauskristallisiert eine zeitlose Botschaft zu destillieren, mit den Worten von Muhammad Iqbal:

> *„Was die Quelle seiner Offenbarung betrifft, gehört er der antiken Welt an; was den Geist seiner Offenbarung angeht, gehört er der modernen Welt".*[38]

---

[38] Muhammad Iqbal, Die Wiederbelebung des religiösen Denkens im Islam, S. 154.

gefördert durch:

Initiative islamischer Quellenforschung e.V.

——

**Ehrenamtiche Umsetzung
des Layouts durch Kim Judek**

info@kim-judek.de

——

**Gestaltung des Covers,
Melih Kesmen (Styleislam)**